こんなものいらない！

消費税、戦争、そしてカジノ

西谷 文和

日本機関紙出版センター

もくじ　こんなものいらない！　消費税、戦争、そしてカジノ

はじめに

今が１９４５年7月だと仮定してみよう。この年の3月に東京、大阪大空襲があり、日本はすでに焼け野原だ。6月には悲惨な沖縄戦が終了し、沖縄はアメリカの手に落ちた。いよいよ本土決戦か…。国民の多数は「なんかおかしいな」と感じつつ、しかしまだ「最後には勝つはずだ」と信じていただろう。この期に及んでも大本営は戦果だけを発表するし、新聞・ラジオは「日本の勝利」を伝えている。ウソの報道、戦争で死ぬことを美化した教育、おかしいことをおかしいと言えない街の空気。

やがて敗戦。戦争中に教えられたこと、報道されたことが全部ウソだったことがばれる。天皇は神ではなく人間で、ミッドウェー、レイテ沖、サイパン、硫黄島…。なんや、全て負けてたんやないの。政府、メディア、学校。全てがグルになってウソをついていたのだから、国民は否応なしに騙される。「クッソー、俺たちはずっと集団催眠にかけられていたんだ」。多くの人々はこう感じたに違いない。

それから70数年の歳月が流れた。２０１９年は亥年選挙の年である。統一地方選挙と参議院選挙が同じ年に行われる選挙イヤーだ。

この国の与党政治家、財界、安倍首相と定期的に会食している御用コメンテーターなどが連日のようにテレビで叫ぶ。

「少子高齢化を迎える日本、消費税をいますぐ引き上げないとこの国は破産します。10%、いや最終的には20%程度にしないとダメです」

ウソも百回言えば本当になる。繰り返し述べられる財政危機に煽られて、多くの国民が集団催眠にかけられていく。

「消費税10%は仕方がないのかな?」

「老後が心配。痛みに耐えないとダメなのかな?」

大手メディアは「消費税を引き上げて社会保障を充実させる」か、「消費税を据え置いて社会保障を削る」か、どちらかを迫る世論調査を行う。だから消費税引き上げ問題について賛否が割れる。

もし真実を伝えた上で、「税金は金持ちから取って、消費税を廃止する」か、「庶民から消費税を巻き上げた上で、このまま金持ちを優遇する」かと聞けば、99%の人々が「税金は金持ちから取れ」と言うだろう。

今後も自民党と財界に牛耳られた大手メディアは真実を隠したまま、「消費税引き上げやむなし論」を流していくだろう。そんな中、安倍首相はトランプ大統領の下僕としてアメリカ製武器の爆買いを進め（武器の購入はローンなので）、将来にわたって大きなツケを残していく。森友問題では首相の妻を守るために公文書が改ざんされた。そしてアベノミクスで賃金が上がっているように見せかけるため毎月勤労統計が改ざんされた。この国の政府は、今や戦前と同レベルの「ウソつき内閣」になっている。メディアがもう少ししっかりしていれば、政府のウソに気がつく人が増えて、国民の「集団催眠」は解ける。しかしテレビから流れてくるのは、「嵐の解散」「貴乃花の引退」「レスリングやボクシングのパワハラ」…。

メディアがやらないのであれば自分で発信するしかない。消費税、戦争、原発、そしてカジノ。これらはすべて日本社会を破滅させるものであって、今すぐにでも廃止させるべきものである。

「こんなもん、いらん！」という声をあげて、アベ政治を打倒しなければならない。「日本を取り戻す」。これは安倍首相が２０１２年の衆議院選挙、13年の参議院選挙で掲げたスローガンだ。権力を握った首相が実行したのは「日本を差し出す」ことだった。誰に？　日米の軍需産業、金融界、超富裕層たちに。

政府は早く忘れてほしいのだ。福島原発事故、沖縄の基地問題、森友・加計学園、そして安保法制の強行採決…。

政府は早くあきらめてほしいのだ。「誰が政治をやっても一緒やろ？　小選挙区なので、自民と公明が組めば結果は見えてる。選挙に行っても変わらんわ」。棄権する人が増えれば、権力と組織を持っている方が勝つ。

政府はずっと騙されていてほしいのだ。少子高齢化の日本では消費税が必要、カジノで景気拡大、やはり北朝鮮は脅威だ、アメリカのトランプ大統領に従っていれば日本は安泰…。

私たちはその逆を行こう。大事なのは「忘れない」「あきらめない」「騙されない」ことだ。

「アベ政治を許さない」

99％の私たちにとって大事なことは大同団結することだ。本書がそんな国民共闘の一助になれれば望外の喜びである。

第１章　消費税はいらない。税金は金持ちから取れ！

究極のアベコベ税制

まずは**図表1**をご覧いただきたい。これは所得税の負担率グラフである。年収２５０万円の人はあまり税金を払っていない。低所得者には低税率、これは当たり前。年収が５００万円、１千万円と上がっていくにつれて、負担率も上がっていく。ところが年収1億円で負担率は約30％とピークを迎え、年収50億、１００億円という超富裕層の負担率は10数％に下がっているのだ！

なぜ超富裕層の税率が低いのだろうか？

その答えは株の取引。億万長者たちは主に株の取引で儲けている。

図表1　所得税の負担率
（出所：「朝日新聞」2018年10月31日）

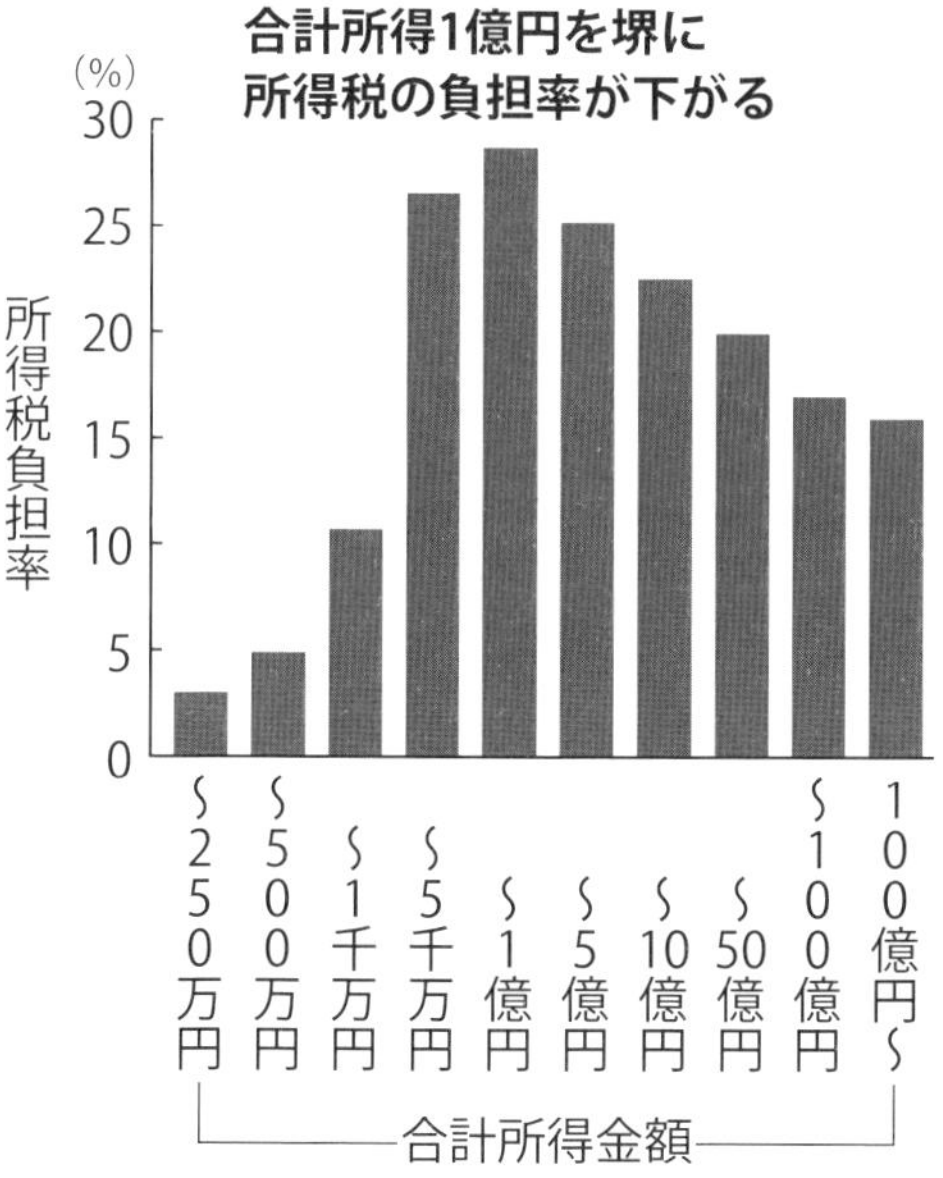

図表2で示すように、株式や証券でいくら儲けても日本の場合、税率は一律で20％。英仏など先進諸国は30％以上の税率を課している。本来なら20％を30％に引き上げるべきだった。しかし日本は真逆の方針をとり、２００３年から14年まで税率を10％に軽減していた。なぜか？　それは「小泉・竹中構造改革」が原因だった。

政府は「これからは貯蓄より投資だ」と言い、国の財政再建よりも株式市場の活性化を優先。株式を大量に保有する超富裕層をさらに優遇する一方で、株式など見たことも触ったこともない（だろう）労働者にそのツケを回したのだ。

図表2　富裕層は株、証券取引で儲けている

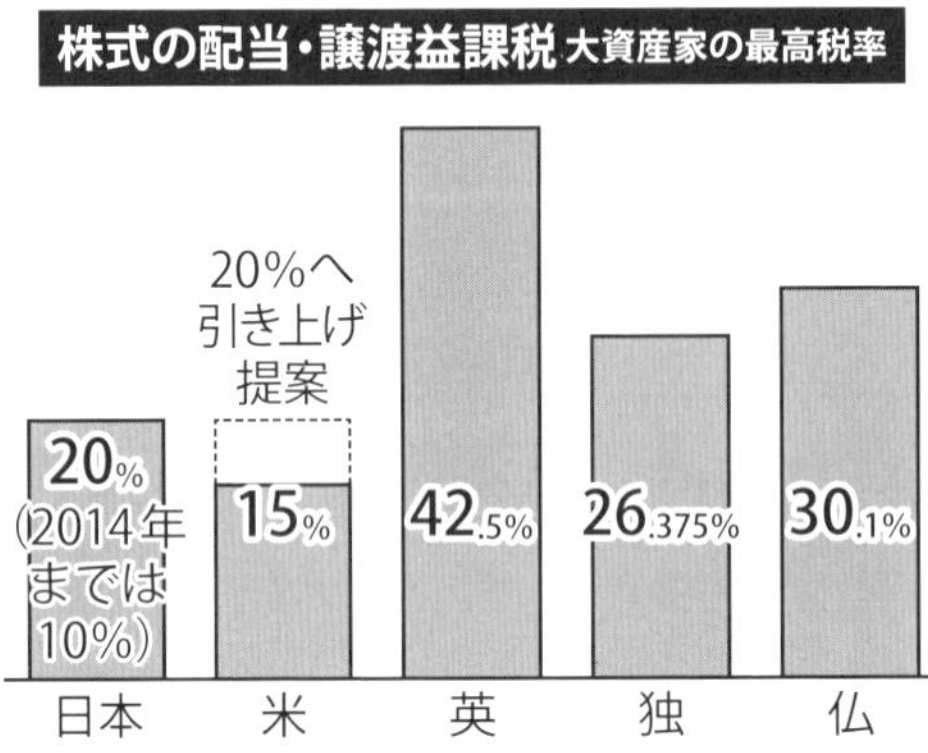

人材派遣会社パソナの会長である竹中平蔵氏は労働者派遣法を改悪して、多くの労働者を非正規や派遣に追い込み、自分の会社を肥え太らせてきた（**図表3**）。彼は「企業が賃金を削って株主への配当に回せば、経済が活性化する」と主張した。えっ、賃金を削ったら労働者は物を買えなくなり、不景気になるのでは？　その通り。だから今も不況が続く。しかし竹中氏は次のように豪語したのだ。

「確かに勤労者の収入は減少します。しかし彼らが株

図表3　竹中平蔵パソナ会長は「クビ切り指南書」を伝授（出所:「日刊ゲンダイ」2016年2月24日）

竹中平蔵パソナ会長の強弁で上積みされた

クビ切り利権650億円

全サラリーマンの敵

安倍政権が国のカネを使って「クビ切り」奨励だ。人材会社が国の助成金による利益欲しさで、企業に「クビ切り指南書」を伝授している実態が浮き彫りとなった。クビ切り利権と言える助成規模は第2次安倍政権の誕生以降、150倍もアップ。拡充に動いたのは産業競争力会議の一員で、人材派遣大手パソナの竹中平蔵会長(64)だ。本来、労働者を守るカネのロコツな「我田引水」は絶対に許されない。

一気に予算150倍増の我田引水

本紙の手元に「退職勧奨制度対象者のための面談の進め方」と題されたA4判10枚つづりの文書がある。パソナグループ傘下で、法人契約の再就職支援シェアトップを誇る「パソナキャリア」が作成したとみられる〝指南書〟だ。

〈誰が退職勧奨に応じたか、誰にどのようなことを言ったか等の面談の内容に関しては一切伝言しないこと〉〈面談は1対1が望ましい〉〈会社に残ることが本人のキャリアのためにならないことを強調する〉——などのノウハウを次々と披露。

〈再就職支援サービスを受けることによって、かなり高い確率で再就職が可能であることを強調する〉〈パソナキャリアで直接詳しい話を聞いてみるよう勧める〉と、サービスの宣伝も忘れない。

さらに「面談テクニック」として、〈「今回の再就職支援の中では、その道のプロが君の適正をしっかり把握して、最もふさわしい場を紹介してもらえると思うよ」〉と、自画自賛の模範回答例まで紹介している。

「かつての『追い出し部屋』に代わって、リストラ策の主流は対象社員を個別に呼び出して自主退職を促す手法です。社内外に非公表で進め、対象が誰かも知らせず、社員同士の団結も分断する。対象者は誰にも相談できずに孤立し、精神的にさいなまれるケースも増えています」（雇用問題に詳しい弁護士）

問題の指南書は最新のトレンドに乗った内容だが、人材会社がクビ切り指南書の作成に躍起なのは利権目当て。クビ切り指南とワンセットで、雇用保険を財源とする「労働移動支援助成金」の対象である再就職支援ビジネスで儲けるためだ。

「離職する労働者の再就職支援を人材会社などに委託すると、企業に支給される助成金です。委託しただけで1人あたり10万円、6カ月以内の再就職実現で、さらに委託費用の一部が支給されます。上限は1人につき60万円。人材会社にすれば、助成金が企業の委託費を肩代わりし、離職者の数が多いほど、利益も増える仕組みです」（厚労省関係者）

人材会社が利益欲しさに「リストラ指南」

怪しいのは、安倍政権によって助成金が桁違いに増えたこと。2014年度の予算301・3億円は、前年の支給実績の約2億円から実に150倍増。15年度には349・4億円まで増額された。2年間で650億円だ。

「13年6月に政府は『産業競争力会議』の議論を踏まえ、『日本再興戦略』を閣議決定。その中で『行き過ぎた雇用維持型から労働移動支援型への政策転換』を掲げたため、一気に予算が拡充されました」（所管の厚労省職業安定局の担当者）

政策転換の言いだしっぺは竹中氏その人だ。13年3月の産業競争力会議ではこう訴えていた。

「今は雇用調整助成金と労働移動への助成金の予算額が1000対5くらいだが、これを一気に逆転するようなイメージでやっていただけると信じている」

竹中氏が訴えた通り、今や雇用調整と労働移動の助成金の予算規模は本当に逆転。助成対象の再就職支援は人材企業に利益をもたらしている。竹中氏の「我田引水」について、パソナグループに見解を求めたが、締め切りまでに回答はなかった。安倍政権も黙認すれば、クビ切り支援を国是に掲げたも同然となる。

を買えば、収入源を補填できるのです」。アホか！収入が減った労働者が株を買えるわけがないし、そもそも「株の取引は賭博と似たもの」で、所持金が少ない人は勝てない、のである。竹中氏は現在の格差社会を招いた「A級戦犯」と言える。

これは究極の「アベコベ税制」と言えないか？　額に汗して働き、お米を作る農家。あるいは自動車の部品を作る町工場。彼らの作る食料や工業製品は、社会を豊かにしてくれる。そんな人々に累進課税の所得税をかけて、株や証券を右から左に動かす、つまり社会的富を生産してるとは言いがたい人たちに「いくら稼いでも20％」（2014年までは10％）。こんなアベコベ政治のおかげで、一つ300円のコンビニ弁当を主食とする人々が急増し、株で儲けたごく一部の「新富裕層」がプライベートジェットでバカンスを楽しむという、超格差社会になってしまったのだ。

報道されない「不都合な真実」

「ずるい！　大金持ちのみなさん、ちゃんと税金払ってよ！」。その通り。もしマスコミがこの事実をしっかり報道すれば「税金は金持ちから取れ！」という世論が湧き上がるはずだった。「なぜマスコミはこれを報道しないの？」それは50億、100億稼いでいる億万長者たちこそが、マスコミのスポンサーだから。民放テレビはCMで成り立つ。スマホの出現で部数減に悩む新聞はカラー広告費でなんとか経営を維持している。だからスポンサーの嫌がる報道は行わない。この**図表1**（9頁）はテレビや新聞のCMスポンサーにとって「不都合な真実」なので、隠されてきたのだ。

「スポンサー＝億万長者」が隠したい真相を報道する代わりに、メディアはは何を報道してきたのか？　例えば弁護士でタレントの橋下徹氏が大阪府知事・市長時代、彼は毎日のようにテレビに登場し、延々と持論を述べた。「年収600〜700万円、大阪府庁や市役所職員の給与が高すぎる」「学校の先生がたるんでいる。教育委員会のクソ野郎！」（**写真1**）。

写真1　公務員を攻撃し続けた橋下徹元大阪府知事（出所：ニュース ZERO、2008年9月8日）

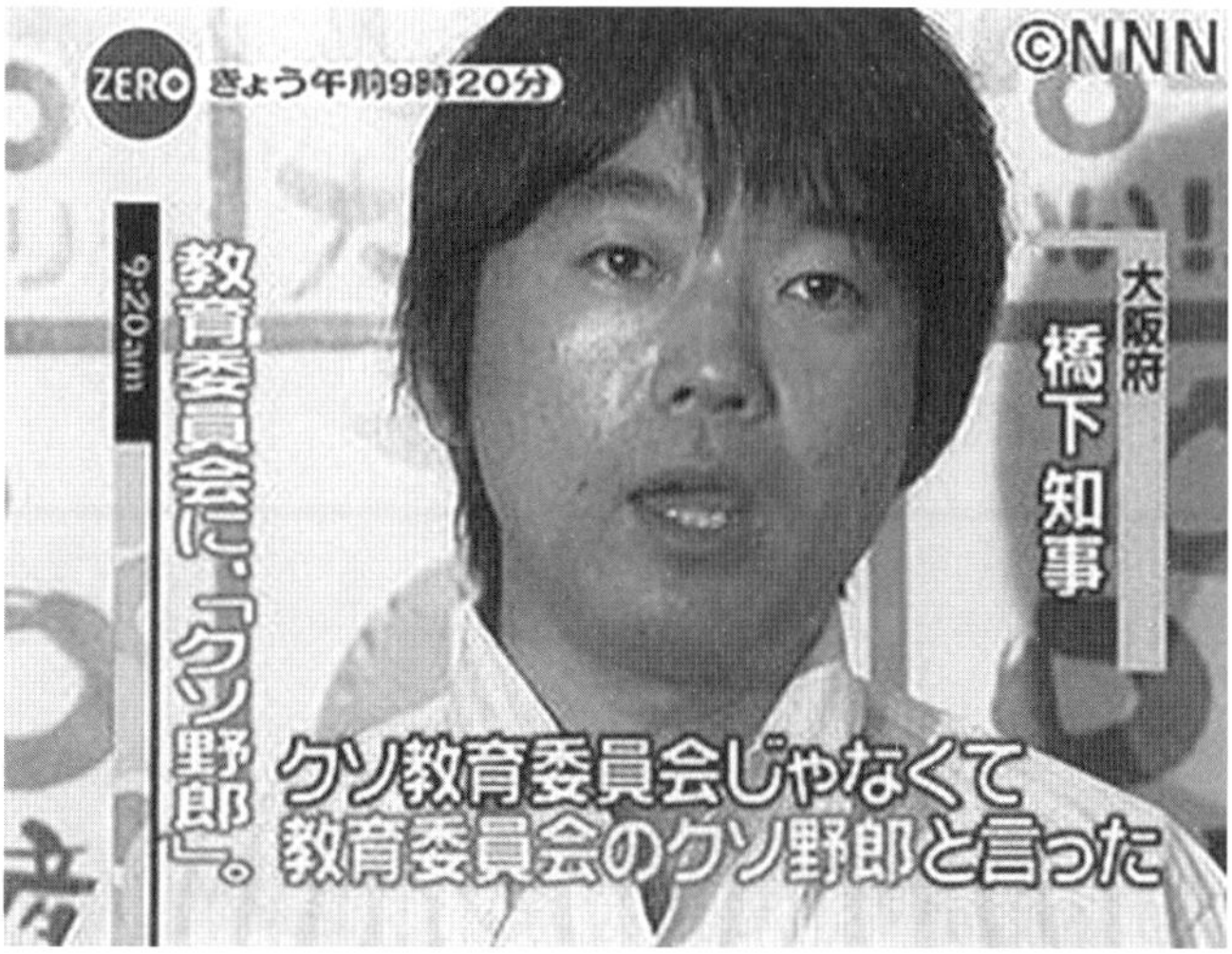

橋下氏は主に公務員を攻撃した。そんな姿に下町のおっちゃん、おばちゃんが拍手する。「私らはきつい仕事でいつクビになるかわからん。公務員は恵まれすぎや」「リストラされて非正規雇用になった。これからどうして暮らしていけば…」。痛い目にあって苦労するおっちゃん、おばちゃんたちの近所に公務員が住んでいる。「羨ましいなー」と思っていた時に、橋下氏がテレビに登場して叫んだのだ。「大阪市営地下鉄やバスの運転手、給

料もらいすぎ！　賃金カット！」。その姿を見て、おっちゃん、おばちゃんたちは少しスッとする。「橋下さん、がんばって！」

しかし冷静に考えてみよう。例えば年収600万円の公務員給与が500万円にカットされれば「賃金相場」が下がってしまう。公務員給与と民間給与は相関関係にあるので、企業はますますリストラできる。つまり自分たち＝民間労働者の賃金も300万円から200万円に下げられてしまう。パートの最低賃金も上がらない。つまり公務員（＝正規職員）の年収が無理やり下げられると、みんなが不幸になる。むしろ年収200万円では生活できないから、非正規雇用者と正規雇用者が連帯して「賃金の底上げをしろ！」と声をあげなければならなかった。最低賃金が引き上がれば、それに伴ってみんなの賃金が改善されていく。99％の国民が連帯して、1％の億万長者に税金を支払わせる運動が必要だった。日産のゴーン容疑者の巨額報酬が世間の耳目を集めているが、公務員ではなく、彼らこそが「もらい過ぎ」なのだ。

失われた291兆円の税収

さて、消費税の話に移ろう。**図表4**は消費税が導入された1989年から2018年までの消費税収と法人税収の比較である。導入時に竹下元首相がいみじくも述べたように消費税は「小さく生んで大きく育てる」税制で3％から5％、そして今や8％から10％に引き上げられようとしている。この30年間で消費税収は累計349兆円になっている。

図表４　消費税収と法人３税の減収額推移（出所：全国商工団体連合会自主計算パンフレット）

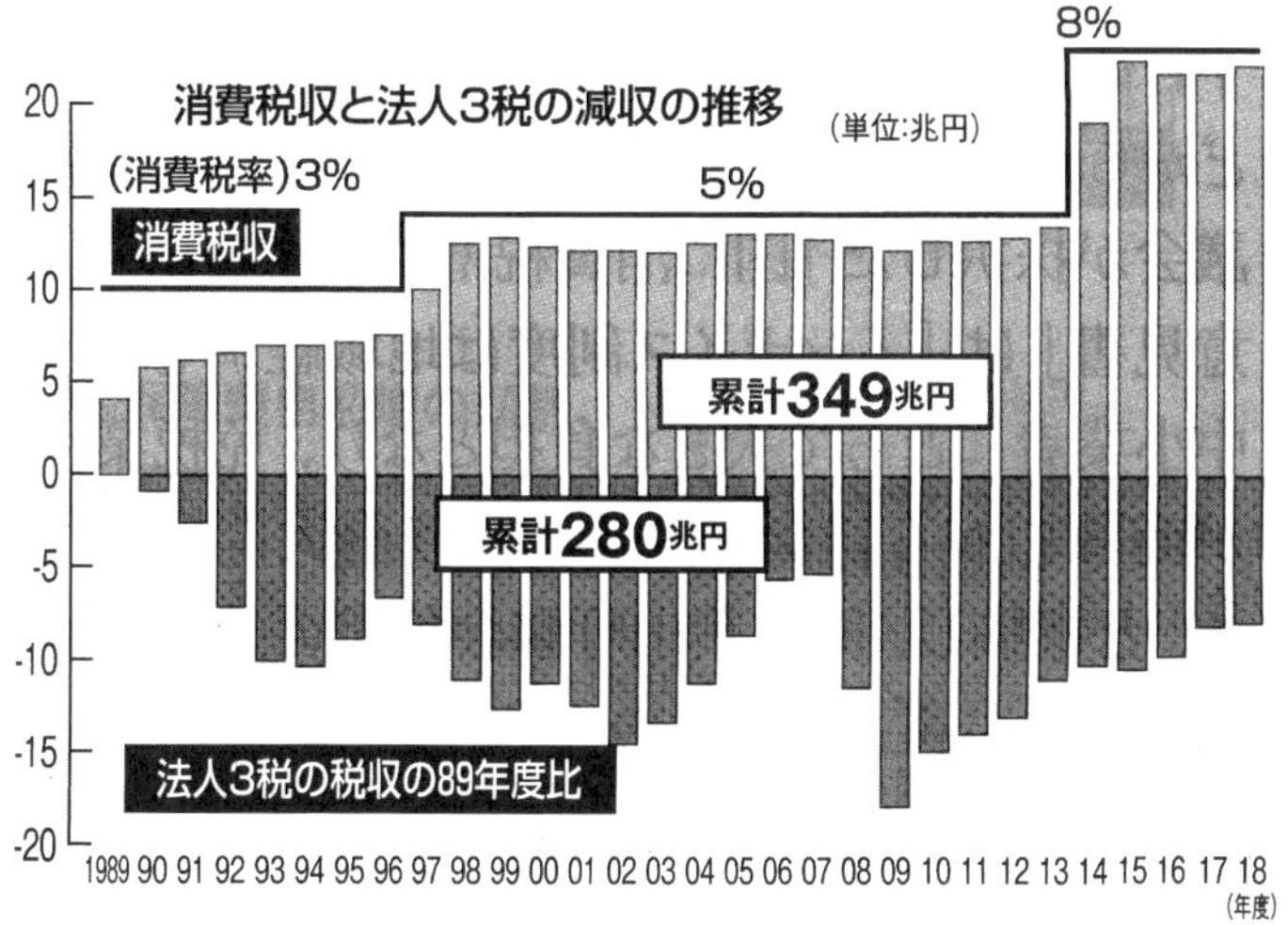

一方、法人税はどうか？　日本は消費税を導入した時、税率を引き上げた時、必ず法人税を減税してきた。この30年間の累計でなんと280兆円もの税収が失われた。この大企業への減税と、所得税の最高税率引き下げ（**図表5**）で消費税の増収分はチャラになった。「消費税は福祉のために導入しました」という政府の宣伝はウソ。正確に言えば「消費税は大企業と億万長者へ減税するために導入しました」だ。

しかしマスコミはこの事実を報道しない。全体像を見せれば「もっと大企業から取れ！」となり、「CMスポンサー＝大企業」が怒る。だから**図表4**の下を隠して、上だけ見せる。そしてメディアに登場する御用評論家たちが叫ぶのだ「このまま少子高齢化が進めば8%では足りません。10%に引き上げないと日本は破産します!」。政府、財界、マスコミがこぞって99%の私たちを騙してきたのだ。

図表6はこの国の一般会計の支出と収入を比較したグラフである。1989年、ここで消費税が導入されるのだが、導入される年までは曲がりなりにも支出に収入が追いついていた。しかしその後は今の仕組みだ。大企業や超大金持ち、株の取引の税金を負けてあげたので、歳入は下がっていく。しかし今まで通り、無駄な軍事費や誰も通らないトンネルなどを作り続けたので歳出だけが増えていった。これは通称「ワニの口」と呼ばれていて、今すぐにでも手当てをしないと日本は本当に破産してしまう。どうすればいいか?

まずは大企業や超富裕層に「1980年代と同じ税率」をかけて収入を増やす。これは法外なことではない。かつてはこの税率で支払っていたのだから。次に北朝鮮危機は去ったのだからオスプレイやイージス・アショアなどの高額な兵器を買わないで、支出を減らす。解決策

図表5　所得税の最高税率引き下げの図（出所:「神戸新聞」2012年6月13日）

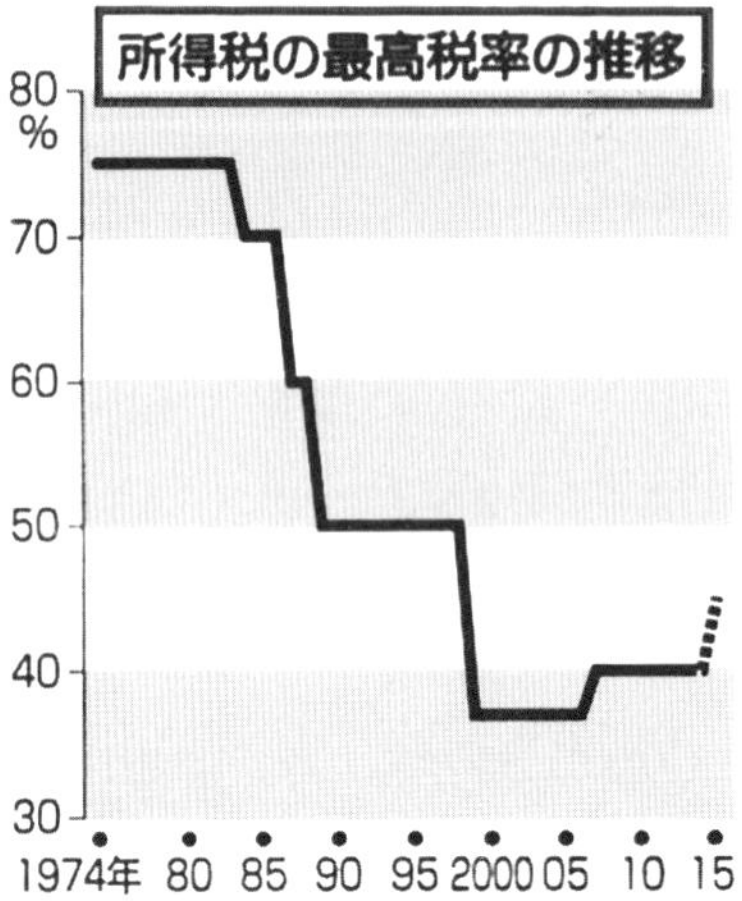

図表６　消費税導入後、税収は落ちている
（出所：財務省 https://www.mof.go.jp/zaisei/matome/thinkzaisei03.html）

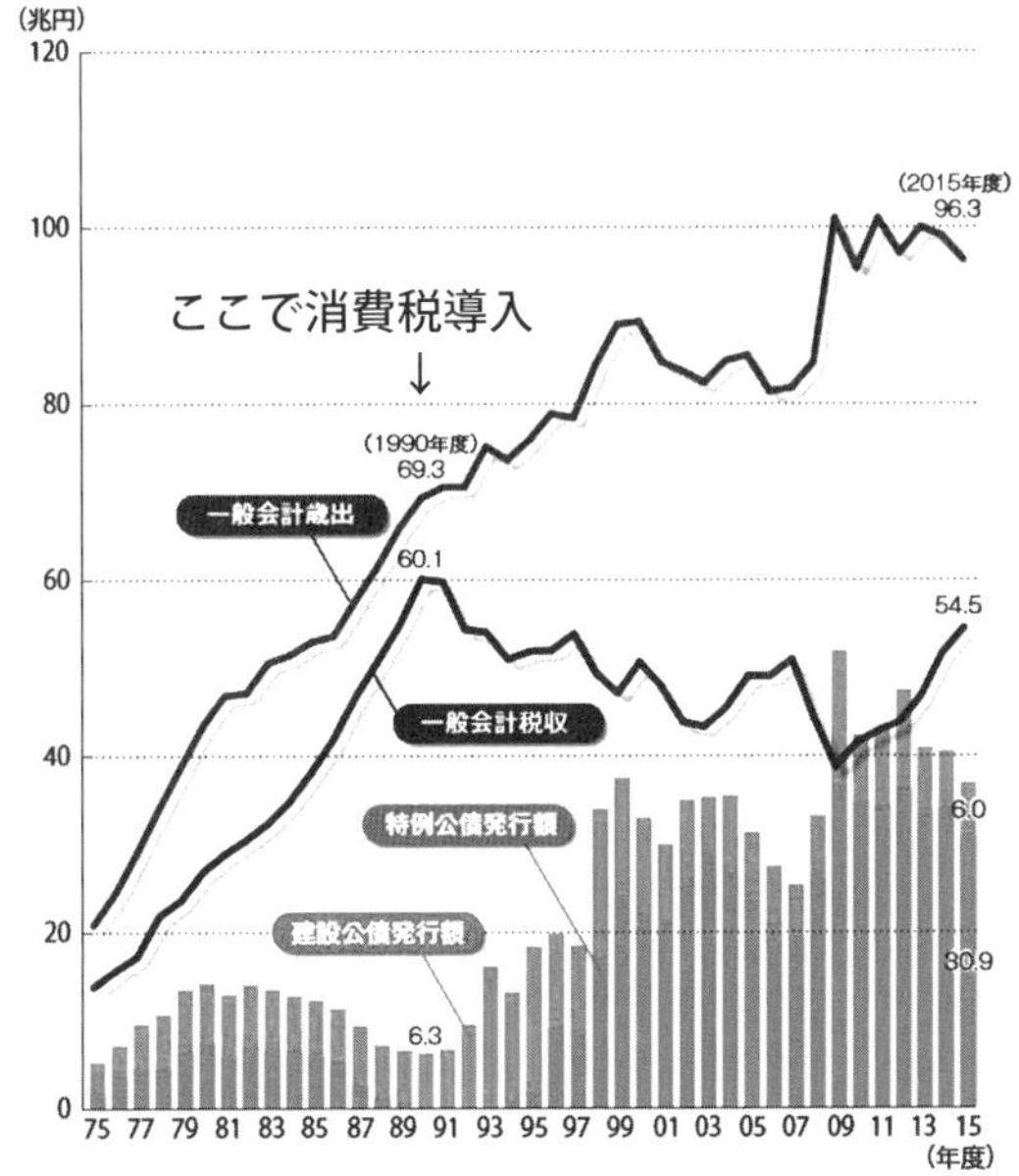

はこれしかない。

税金は大金持ち、大企業から取れ！

しかし安倍内閣は、全く違うことを叫んできた。それがアベノミクスだ。日本株が上がれば、一部の富裕層がもっともっとお金持ちになる。そうなれば億万長者たちから下々のみなさまへ「したたり落ちるように」（トリクルダウンという）お金が落ちてくる。だから株が上がれば万事解決。

安倍首相が野菜のカブを持って「株よ、上がれ！」と叫んでいる（**写真２**）。アホか！と叫ぶしかない。テレビはこの様子を映し出し、「日本株は好調です。アベノミクスは成功してます。庶民のみなさん、今は苦しいかもしれませんが、来年は豊かになるでしょう」と言って、またまた騙しているのだ。

図表7、8はその「アベノミクスの結果」である。1990年、つまり消費税を導入した翌年、大企業の内部留保は約110兆円だった。内部留保とは企業の利益から税金と株主への配当、役員報酬などの社外流出を差し引いたもの。つまり会社内部にとどまる「純利益」である。この内部留保は「小泉・竹中構造改革」とアベノミクスでどんどん積み上がっていった。なんとこの30年で4倍化して2018年は約400兆円に積み上がった。つまり大企業は笑いが止まらないほど大儲けしているのだ。

一方、労働者の賃金はどうか？　実質賃金はこの20年間ずっと下がり続け、1997年に496万円だった実質賃金が2017年には432万円。約60万円も下がってしまった。こんなに賃金が下がったのだから、労働組合はもっと抵抗すべきだっ

写真2　福島県郡山市の農家で、土から抜いたカブを「株、上がりますように」と持ち上げる安倍首相（出所：共同通信）

図表７　大企業の内部留保と実質賃金（出所：国公労連・井上伸作成）

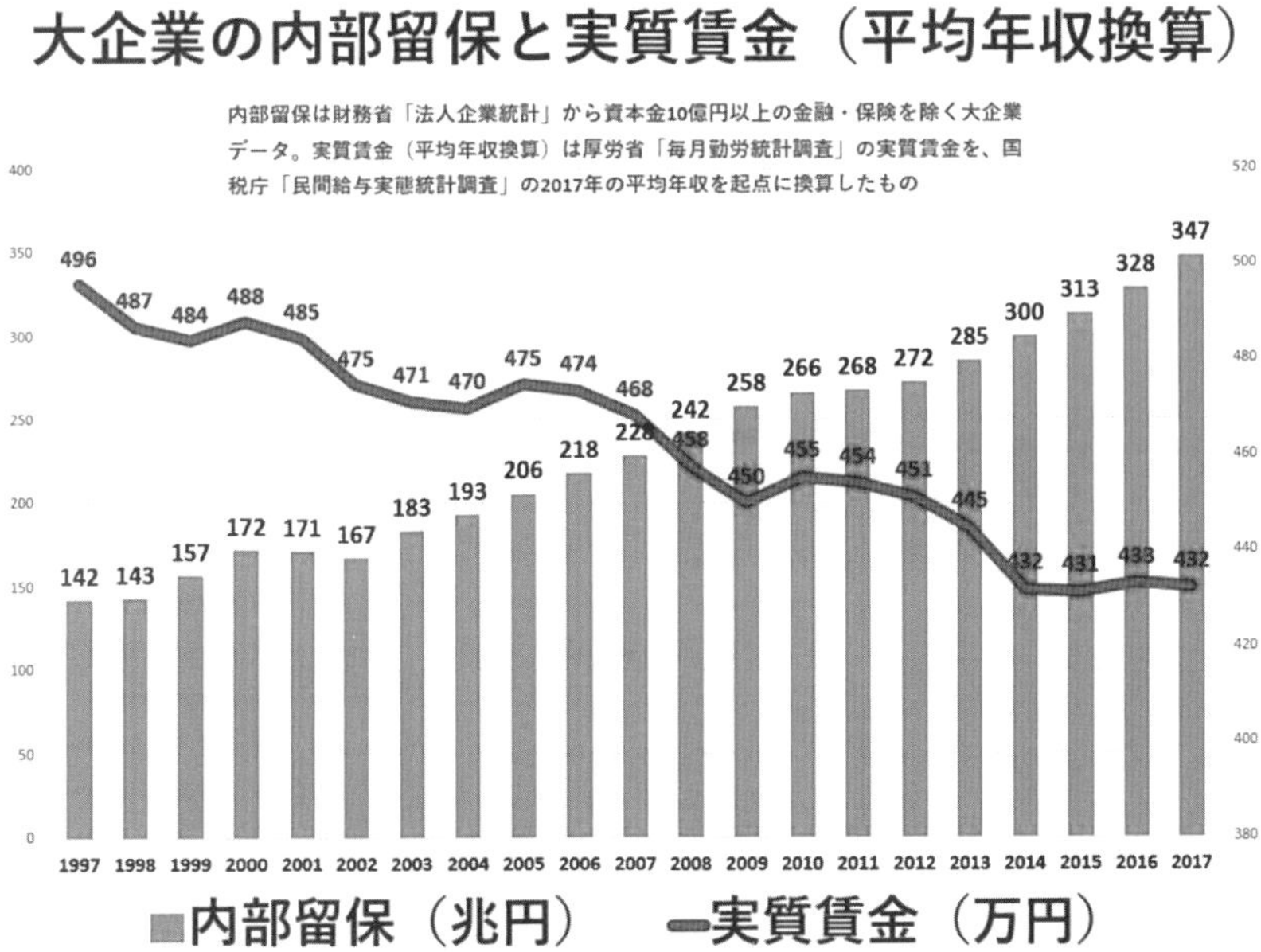

た。しかし日本の多くの労働組合、特に連合系労組が会社に骨抜きにされ、ストはもちろん賃上げ交渉すら控えるような体たらく。これでは抵抗できない。かくして賃金だけが下がり続け、役員報酬と株主配当、そして内部留保だけが急増するいびつな社会になってしまったのだ。

安倍内閣はこんなにも格差が広がった状況で、さらに「消費税を引き上げ、法人税を減税します」と言う。これでは日本が「悪魔のサイクル」に陥ってしまう。実質賃金が下がれば結婚もできない⇓必然的に少子化へ⇓人口が増えないと税収も伸びず、社会保障を支えていくことができない⇓この状況で消費税を引き上げれば、さらに消費が冷え込む⇓企業は物が売れなくなるので、その年の利益確保、株価維持のために人件費をカットする⇓そうなれば結婚できない人が増え、さらに少子高齢化が進む⇓その結果税収が減るので、消費税をさらに引き上げ…。

処方箋は全く逆で、まずは4倍に膨れ上がった内部留保を吐き出させることだ。確かに景気の波に左右される企業は、いざという時のために内部留保が必要だろう。しかしそれは90年代の水準で十分なはずだ。バブル崩壊後の不況下でも内部留保は１００兆円ちょっとだったのだから。「溜め込みすぎた分」約３００兆円を賃上げに回せば、99％の労働者に余裕が生まれ、結婚、子育てできる人が増えて少子化に歯止めがかかり、必要な物品が売れ始めるので景気も回復する。さらに言えば、例えば２０１４年の内部留保３７０兆円に5％課税していれば、18・5兆円の税収になっていた。これは8％に引き上げたその年の消費税収15兆円を上回る。つまり消費税を引き上げ

図表8　増大した大企業の内部留保
（出所：「しんぶん赤旗」2017年9月2日）

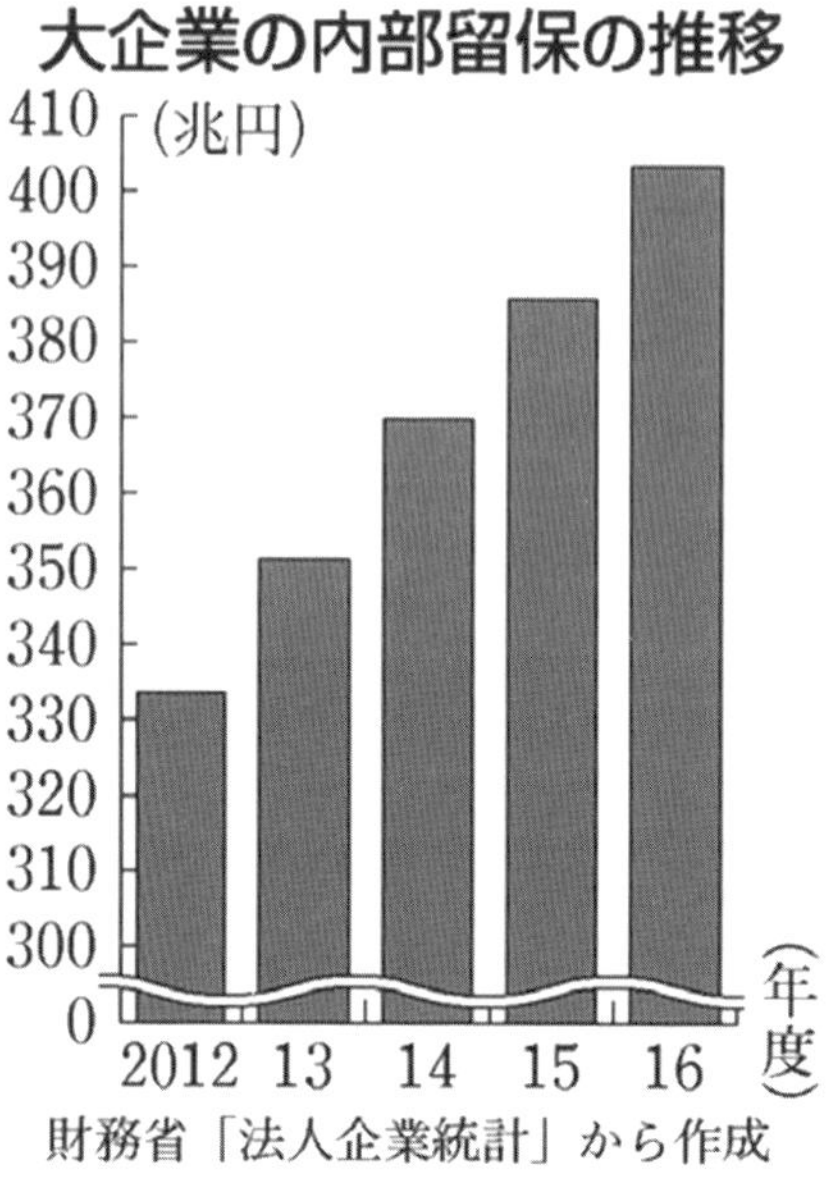

るどころか、ゼロにしても同等以上の予算が確保されたのだ。儲けすぎた大企業からしっかりと取っておけば、保育所や老人ホームの整備・拡充が進み、保育士、介護福祉士たちへの賃金に回すこともできただろう。そうなれば、人々は物を買い出すので、地元商店街も潤う。この「天使のサイクル」を実現させることだ。つまり「税金は大金持ち、大企業から取れ！」が正解なのだ。

図表９は実際の税収比較。消費税が３％から５％に引き上げられたのは１９９７年。誰もがこれで税収は増えたと思ったに違いない。しかし現実は全く逆で、「消費税収だけ」が増えたものの、法人税が激減したので全体の税収は縮小しているのだ。これでは年金も保育所も老人ホームも貧弱なまま。多くのみなさんは、このように感じていただろう。

「おかしいな。痛みを伴う改革（＝消費税引き上げ）をしたのに、暮らしは全然良くならないじゃないか」。なんとなく不公平、なんとなく閉塞。国民の多くが不満を感じているが、その正体と解決方法がわからない。

それはマスコミがこの事実を隠したまま

図表9　1997年、消費税が5%になったがその後税収は減少した（出所：財務省、総務省の税収決算額から）

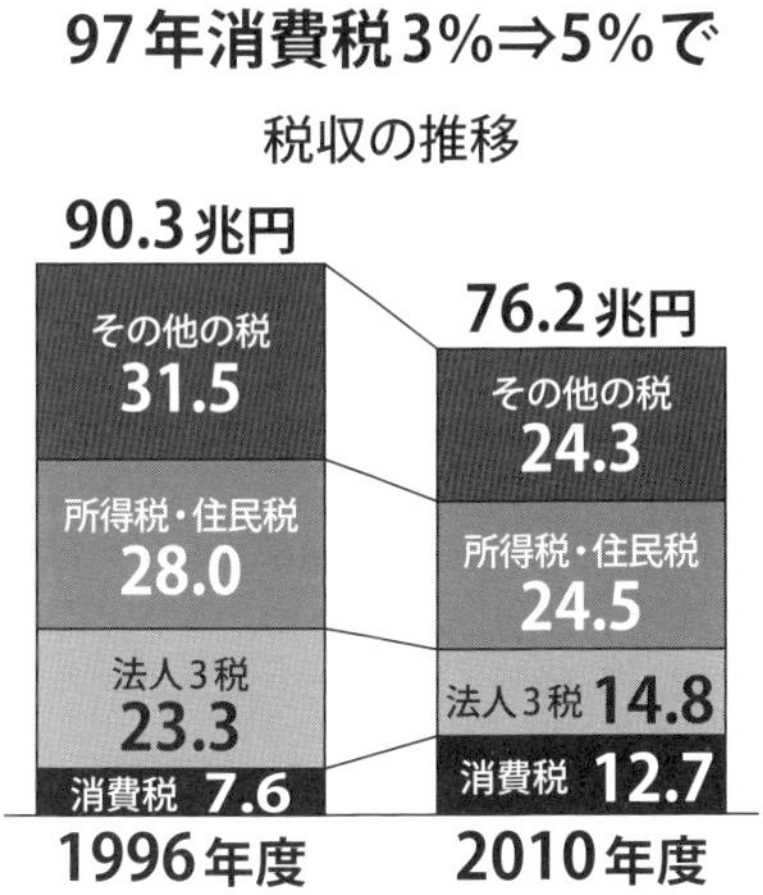

「嵐の解散」「貴乃花親方の引退」「ボクシングの不正」「アメフトの悪質タックル」など億万長者や大企業にとって痛くもかゆくもないニュースしか報道しなかったからだ。18年秋、私はたまたま9時のＮＨＫニュースを見て倒れそうになった。トップニュースは「東京の新宿区でペットのアライグマが逃げた」で、延々とその捕物帳を流していたのだ（泣）。モリカケ疑惑や福島原発事故、シリア内戦や沖縄での米軍ヘリ墜落などのニュースよりもアライグマ。メディアをここまで劣化させたのは間違いなく安倍内閣によるメディアへの露骨な介入、干渉である。大手メディアをこの状態に追い込んだ上で「このままでは日本が破産する」「消費税10％は仕方がない」という集団催眠に導いてきたのだ。

タックス・ヘイブンで税逃れ

２０１５年夏、世界を驚愕させるニュースが飛び込んできた。それは後に「パナマ文書」と呼ばれるようになった。中米パナマの法律事務所モサック・フォンセカが世界の大富豪相手に作成した、一連の「税逃れ文書」が暴露されたのだ。

税逃れとは？　例えば、カリブ海の英領バージン諸島やケイマン諸島、アメリカのデラウェア州などは、極めて税率が低いか又は免除される国や地域で、これらはタックス・ヘイブンと呼ばれている。ヘイブンとは天国ではなく「避難所」の意味。つまり「租税回避

図表10　ケイマン諸島への日本の投資残高55兆円（出所：「しんぶん赤旗」2013年8月25日）

ファクス　中央委員会 03(5474)8358　赤旗編集局 03(3350)1904　http://www.jcp.or.jp/

租税回避地《タックスヘイブン》　ケイマン諸島

日本の投資残高55兆円

イギリス領ケイマン諸島への日本の投資残高が2012年末、前年比6・1兆円増の55兆円となり、投資残高全体に占める割合も13・9%となったことが日本銀行の調査で分かりました（グラフ）。ケイマンは所得税や法人税がなく、多国籍企業や富裕層が課税逃れに利用するタックスヘイブン（租税回避地）として知られます。

↓特集⑯面

多国籍企業　11年間で約3倍

ケイマンへの投資残高は2001年には約18・6兆円でした。11年間で約3倍になりました。国・地域別で見るとケイマンは、アメリカの投資残高127兆円に次ぐ2番目の高さで、イギリス（23兆円）、フランス（20兆円）、ドイツ（17兆円）の合計額に匹敵します。

三菱UFJフィナンシャルグループ（FG）は、ケイマンに三つの子会社（資本金合計額約7千億円）を持っています。本紙の取材に対し、子会社はいずれも証券発行を目的とした特定目的会社（SPC）であり、従業員は日本の社員が兼務し、ケイマンでの業務は地元業者に委託しているといいます。同じく18の子会社（同2兆9500億円）を保有する三井住友FGは、資本調達の際、「設立コストや管理コスト等を勘案して当該国に設立した」と回答。両社は「節税」目的は否定しました。

27の子会社（同588億円）を持つみずほFGは、「一般的な話として、ケイマンに籍を置くのは資金調達コストを下げるため。必然的に節税ということはでてくる」と話しました。

多くの国が財政不足に陥るなか、タックスヘイブンを利用した課税逃れは世界的な問題となっています。7月に開かれた20カ国・地域（G20）財務相・中央銀行総裁会議では、経済協力開発機構（OECD）が提案した多国籍企業の課税逃れを防ぐための「行動計画」が承認されました。9月5～6日にロシアのサンクトペテルブルクで開催されるG20首脳会議でも議題となる見通しです。

日本共産党はタックスヘイブンの徹底した実態調査と課税強化を求めています。

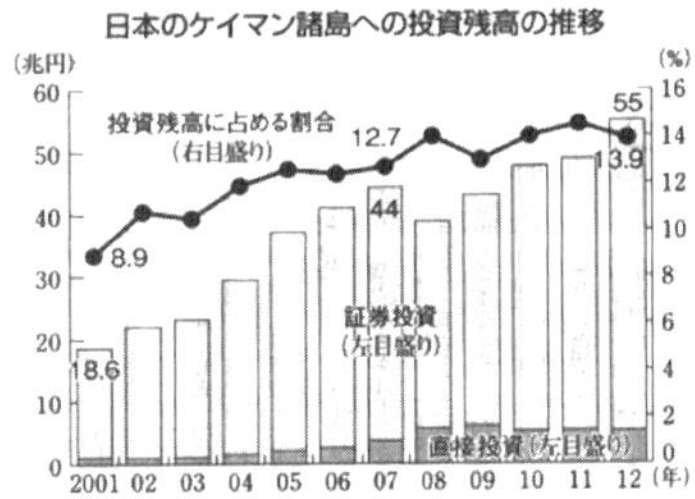

日本銀行「直接投資・証券投資等（資産）残高地域別統計」から作成（直接投資は企業経営への関与を目的とした投資、証券投資は株式などの売買による利益を目的とした投資）

イギリス領ケイマン諸島　カリブ海の三つの島からなり「宝島」のモデルとも。イギリス政府の助言に従ってイギリス女王が任命する総督が内閣を統括。防衛・外交・治安を掌握しています。経済協力開発機構（OECD）によると09年末時点、同島の登記企業は9万3千社、その80%が免税会社です。

地」。モサック・フォンセカは世界の大富豪たちに、税逃れ方法を指南していた法律事務所で、絶対に漏れることのないはずの機密文書がドイツの新聞社に流出したのだ。

図表10、11は日本企業がケイマン諸島に隠した総資産の推移である。2012年で約55兆円、13年には約61兆円に膨れあがり、なんと15年には72兆円！

日本企業や億万長者

たちは日本で大儲けしたのである。ならば日本社会に還元すべきだ。従業員の賃金を引き上げ、みんなでその成果を分かち合う。設備投資に回して新たな雇用を創設する、あるいは貧困問題や環境問題に取り組んでいる団体に寄付する…。大企業や億万長者たちは、その社会的責任を果たすべきなのである。しかし現実は全く逆で、税金のかからないケイマン諸島で資産運用し、自分たちだけがさらに大儲けしようとしていたのである。

念のため強調しておくが、これは「ケイマン諸島に逃げた資産」である（図表11）。当然大富豪たちは英領バージン諸島、デラウェア州などにも資産を逃す。その額は15年末でなんと４２３兆円！

図表11　ケイマンに投資残高急増
（出所：「毎日新聞」2016年5月24日）

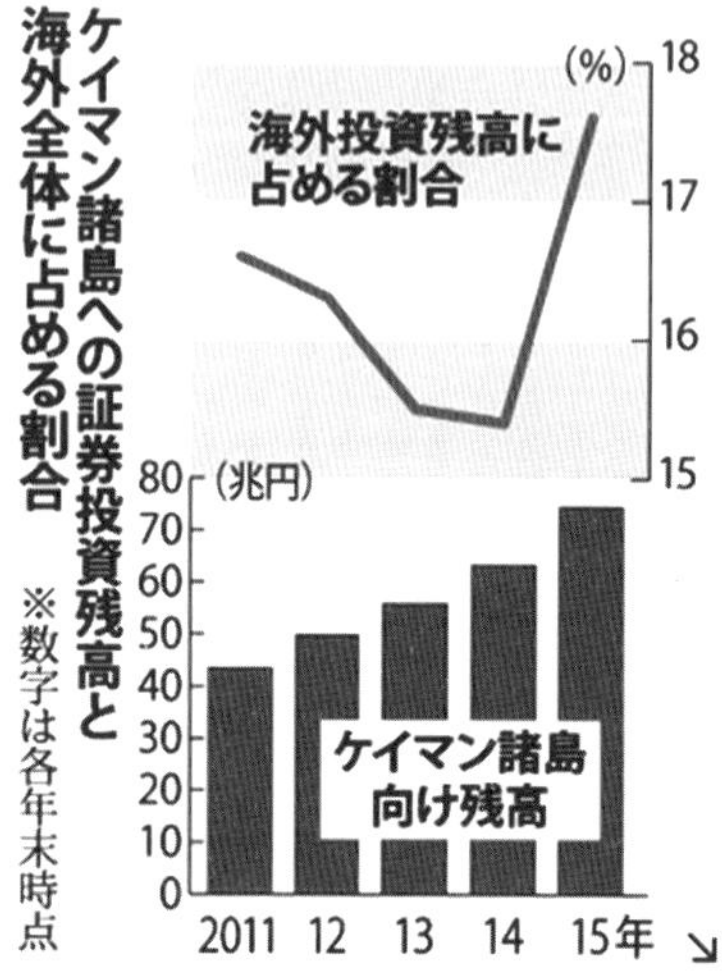

毎年１月に国際ＮＧＯ「オックスファム」が世界の格差状況を報告する。２０１９年に発表された数字は、世界の大富豪26人の資産が、世界人口の下から半分38億人の資産と同等！　第１位はアマゾンの創業者ジェフ・ベゾス氏の12兆２８００億円。彼の資産のわずか１％がエチオピアの保健医療費とほぼ同額。彼ら「超々億万長者たち」

の資産に、わずか０・５％を課税するだけで、学校に行けなかった子ども２億６２００万人が学校に通えるようになるし、貧困にあえぐ３３０万人の命が助かるという。私は戦争で夫を失い、雪の上で物乞いするしかないカブールの女性や（**写真3**）、南スーダンの病院で栄養失調の子ども（**写真4**）、内戦で家も学校も焼かれゴミを拾って生活するアレッポの少年（**写真5**）たちを見てきた。

写真3　雪の上の物乞い女性

写真4　マラリアにかかった栄養失調の子ども

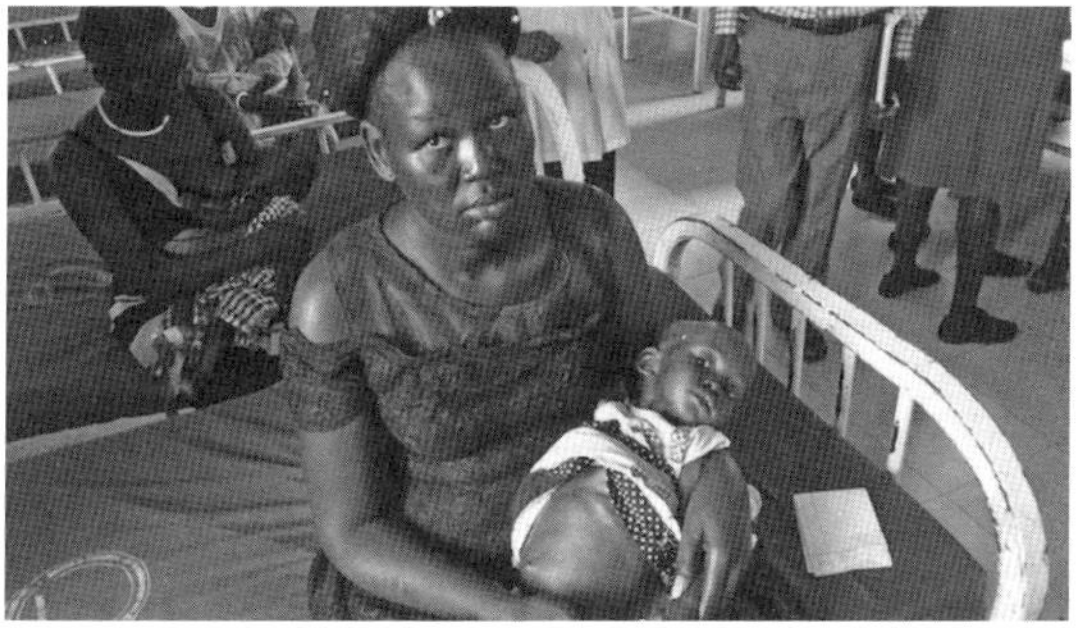

写真5　シリア・アレッポでゴミを拾って生活する少年

億万長者たちの資産に０・５％課税するだけで、こうした問題は解決に向かう。極限にまで広がった格差を是正することから始めよう。

マクドナルドで食べたら10％、持って帰ったら８％。支払いをカードにしてキャッシュレスにすればポイント５％還元。低所得者にはプレミアム商品券で…。日本ではそんな枝葉の報道ばかりが続き、税金の根幹部分にスポットが当たらない。いや、億万長者を守るためあえて根幹部分を隠しているとしか思えない。

簡単なことである。「オックスファム」が言うように、資産に課税するのだ。国際社会が連帯して「あんたら儲けすぎ！」という声を上げ、「ちゃんと社会的な責任を果たしなさい」と迫るのだ。

メディアで盛んに繰り返し報道されている「ポイント還元」は、税金の本質から目を反らせ、超大金持ちと大企業をニンマリさせていることだろう。この問題でも「税金は大金持ちから取れ！」が正解なのだ。

ツケ回しで増大する軍事費

アベノミクスで超大金持ちと大企業の便宜を図り、99％の貧しい私たちから税金を搾り取ってきた安倍内閣は、そのむしり取った税金を軍事費に充てている。**図表12**はこの数年間の軍事費の推移である。歴代自民党内閣は「防衛費はＧＤＰの１％未満に抑える」ことを党是としていた。１％、つまり5兆円を超えてはならない、という歯止めがいとも簡単に外されてしまい、19年度は約5兆３千億円。それも自衛隊員の給与や従来の防衛装備品の予算は据え置いたままで、「米国製の最新兵器を爆買い」しており、その金は後年度負担という「ツケ回し」で支払われていく。トランプ大統領とゴルフを楽しんだ後、「シンゾー、アメリカの武器を買え！」と言われたからだ。あれは私たちにとって「めっちゃ高いゴルフ」になった。

２０１７年のゴルフ会談から情勢は劇的に変化して、「北朝鮮の脅威」はウソのように軽減された。

ベトナムのハノイで開かれた第2回目の米朝会談は、合意なしの結果に終わったが、トランプ大統領、金正恩委員長ともに対話は続けるという姿勢。つまり戦争は起こらない。したがってアメリカ製のバカ高い武器を買う必要は全くない。

一方で利子付きの奨学金を返済できず、破産する若者が増えている。ちなみにスカラーシップは奨学金と訳されるが、欧米諸国では給付や無利子が当たり前。日本の奨学金はス

図表12　安倍内閣で急増する軍事費
（出所：「しんぶん赤旗」2018年8月21日）

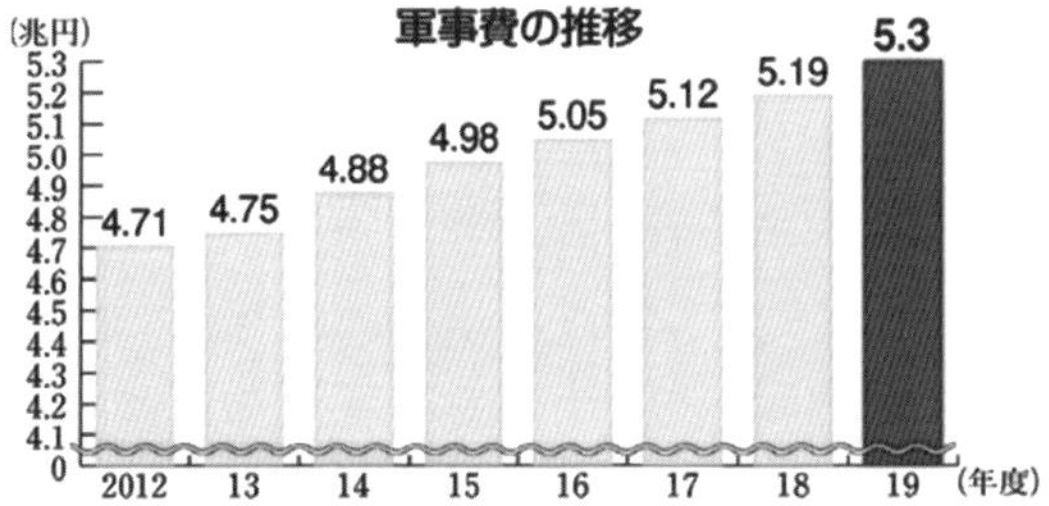

チューデント・ローン（学生サラ金）だ。不要不急の高価なもの（イージス・アショアやオスプレイなど）を爆買いして、必要な予算（奨学金の拡充や保育所待機児童の解消など）は後回し。アベによるアベコベ政治、極まれり。

ちなみにトランプ大統領は「日本の軍事費をＧＤＰの２％まで引き上げよ」と注文をつけている。アベ政治がその無謀なセールスを飲んでしまうと、軍事費は約11兆円にまで跳ね上がってしまう。そんなことになれば社会保障費は削減され、75歳以上の医療費も３割負担せよ、年金受給は70歳から、奨学金にもっと利子をつけろ、国保料金をさらに引き上げろ…。日本はますますブラック社会になってしまう。

２０１８年夏、台風の接近にともなう梅雨前線の停滞によって、広島、岡山、愛媛をはじめ西日本は大規模な豪雨災害に見舞われ２００名を超える方々が犠牲になった。北海道胆振東部地震でも震源地に近い厚真町を中心に40名を超える犠牲者が出た。一般に、災害救助は最初の72時間が大変重要で、時間が経過すればするほど生存確率は低くなる。

写真6は日本の消防庁がただ一台だけ保有するレッドサラマンダー（右）と自衛隊が購入する予定の輸送機オスプレイ。レッドサラマンダーはがれきや溝を乗り越え、水の中では浮かんで進むことができる消防車だ。お値段は1台1億1千万円。愛知県の岡崎市にたった1台だけ配備されている。なぜ岡崎市かというと「本州の真ん中だから」

写真6　災害が頻発しているのに（筆者作成のパワーポイント）

一方、日本はオスプレイ17機を購入予定で、その合計金額は約３６００億円。１機１００億円以上するオスプレイに、代替部品やエンジンその他をセットにして３６００億円。つまりオスプレイを１機買わなければ、レッドサラマンダーは47都道府県に2台ずつ配備できる。そうなれば岡山真備町、広島県呉市、愛媛県西予市、北海道厚真市など、救助を待ちながら逝ってしまった人々の何名かは救出できたかもしれない。日本国民の命よりもアメリカ様。沖縄の米軍基地でも同じ構図。ここでもアベコベ政治が極まっている。

5%に戻し最賃の引き上げを

これまでの論考を整理してみよう。原則は「税金はまず大企業、億万長者から徴収せよ」。消費税が導入されるまでは、日本には物品税制度があって、ダイヤモンドや毛皮などの贅沢品には15%の税金がかかり、お米や粉ミルク、衣服など食料品や生活必需品には0％だった。それが今やどちらも8％（図表13）。果たしてどちらが公平だろうか？　ダイヤがなくても生きていけるが、米が食べられないと飢えてしまう。どちらが公平か、言うまでもない。

安倍内閣のアベコベ政治で、原発が再稼動され、武器が輸出されるようになった。原発や最新兵器などは、三菱や東芝、ボーイングやレイセオンなど一部の大企業しか作れない。巨額の税金を使ってこれらを製造、販売したとしても一部の大手企業と下請け孫請けの関連企業だけが潤うだけ。そして原発も最新兵器も子や孫の代までの「負の遺産」になってしまう。きっぱりと脱原発に舵を切り、武器を買わずに軍縮に向かう。そうして浮いたお金を保育所や老人ホーム建設に向ければどうなるか？

保育所や老人ホームは全国各地で必要だから、その工事は地元の工務店が請け負うだろうし、そこで働く人々の雇用、つまり保育士や介護福祉士などが必要となる。さらにその給与を引き上げれば、労働者が地域で消費するので地元商店街は潤っていくだろう。さらに原発を止

図表13　税金は大金持ちから

税金はまず大企業、富裕層から

- 昔はダイヤや毛皮に15%、食料品は0%
- 今はどちらも8%　　　これって公平？
- 実質賃金が上がる ⇨ 消費が増えて景気アップ
- 原発や兵器 ⇨ 関係者（大企業）だけが潤う
- 再生可能エネルギー ⇨ 災害に強く、地域が潤う
- 保育所や老人ホーム ⇨ 雇用が生まれ、地域は活性化
- 今こそ99%運動　最低賃金を引き上げれば、みんながハッピー。

めて地域で再生エネルギーに取り組めば、１カ所の巨大電源に頼ることはなくなる。そうすれば北海道が全てブラックアウトするなどという事態は避けられるし、地域は災害に強くなる。余った電気を売れば「村おこし」につながるだろう。

最後にもう一度強調したい。日本の景気は輸出ではなく内需に左右される。「失われた20年」とよく言われる。何が失われたかと言うと、それは労働者の実質賃金なのである。賃金が上がれば不況は脱出できる。そして富裕層に税金をかければ富が再分配され、もう一度「一億総中流社会」の実現は可能だ。

「法人税を上げれば企業が外国に逃げていきませんか」

逃げてはいかない。１９８０年代、法人税は40％を超えていた。所得税の最高税率は国税で70％だった。しかしあの頃の方が景気は抜群に良かった。企業にも社会にも余裕が生まれ、人材が育ち、高いレベルの累進課税によって社会保障が充実していった。企業はその国で物が売れるか、売れないかで判断する。なぜ日本企業が外国に進出するのか？　それは「実質賃金が上がらない日本では物が売れない」からだ。経済成長著しい中国では人々が豊かになり、物が売れ出したからこそ、企業は中国に進出していったのだ。

例えば日本で１千億円の車を売る企業があるとしよう。40％の法人税が20％に下がれば、利益は600億円から800億円に、200億円アップする。しかし好景気の中国では5千億円の売り上げがあるのだ。仮に中国の法人税が40％と日本の倍であっても、3千億円の利益が上がる。だから企業は中国に行く。日本では「若者が車を買わなくなった」と言われる。実質賃金が上がっていないので車を買う余裕がないからだ。法人税ではなく「そこで売れるか売れないか」で決まるのだ。

日銀が、民間銀行が保有する国債をジャブジャブ買い取っても（アベノミクス第1の矢）、そのお金は日銀の当座預金にたまるだけで、市中には出てこない。庶民が物を買えない日本では、民間銀行は中小企業に投資せず、日銀に預けるだけ。お金は回らない。富裕層の税金を負けてあげてもその収益はタックス・ヘイブンに逃げるか、貯蓄に回るだけ。やはりお金は市中には出てこない。つまりトリクルダウンなどハナから起こるはずがないのだ。

今からでも遅くはない。まずは最低賃金を1500円に引き上げよう。これによってすべての労働者の実質賃金が引き上がる。そして消費税をまずは5％に引き下げ、段階的に廃止させよう。法人税と所得税を元に戻せば、引き下げ分の財源はある。「消費税は当面5％に引き下げ、脱原発、戦争法の廃止」。これが日本回復の処方箋だ。

野党共闘で消費税引き上げ中止を

5対3対2の法則をご存知だろうか？　日本ではこの数年、どんな選挙をしても国民の5割が棄権、3割が自民、公明、維新の会などの保守政党に、残り2割が立憲民主、国民民主、社民、自由などのリベラルに投票している。小選挙区なので3割を獲得した自民・公明が大勝し、表面上は「アベ一強」になる。棄権に回る5割の人々は「かつて自民に投票したが、嫌気がさして棄権している」無党派の人々だ。彼ら、つまり「自民党政治はイヤだか、他に投票するところがない」と感じている人たちの1割が投票に行けば、モリカケ問題や統計偽装でお灸を据えてやろうとするので、自公には入れない。野党に投票するだろう。そうなれば4対3対3。議席は伯仲し、国会は劇的に変わる。安倍首相は失脚するだろう。国民の7割が選挙に行った時があった。それは2009年の政権交代選挙。あまりにも自民党政治がひどいので、国民は民主党に投票した。しかし民主党が全くの期待外れ。野田内閣の時に消費税引き上げを決めたので、国民は失望し、また棄権に戻った。

今度こそ本物の野党共闘をするのだ。二度目は成功する。1回目の失敗を教訓にできるから。拙著が、消費税引き上げと戦争法に反対する全国の人々を励ますものになればいいと感じている。

【コラム】 カルロス・ゴーン容疑者事件について

カルロス・ゴーン容疑者は年間10億円を超える役員報酬をもらっていた。これは有価証券報告書に記載された分で、隠された分を合わせたら年間20億円！もの報酬だったと言われている。この巨額役員報酬にはもちろん税金がかかる。しかしそれはたったの約15％。日本人の役員なら45％の国税が徴収されるが、彼は日本における「非居住者」なので所得税率は低く、日本に住んでいないので住民税もかからない。税とは富の再配分である。しかしゴーン容疑者は外国人なので、「富の再配分率」は極めて低くなる。

ゴーン容疑者は「日産リバイバルプラン」と称して2万人以上の労働者をリストラした。首を切られなかった労働者も、コストカッターによって賃下げを余儀なくされただろう。そんな厳しい条件のもとで、みんなが額に汗して働いた結果、日産の業績はV字回復したと言われている。しかし、その業績アップ分は労働者への賃上げに回らず役員報酬になり、さらにはその金の大部分が日本に落ちずに外国へ逃げていった。

ではなぜ日産は労働者の賃上げをせずに巨額の役員報酬を支払い続けたのだろうか？

ＲＯＥという指標がある。これは「株主資本利益率」といい、この数字で株価が決まる。ＲＯＥはその期の純利益を自己資本で割った数字。この数字が高い企業に投資が集中し、会社の格付けが上がる。ＲＯＥの数字をあげるためには、分子の「当期純利益」を大きくすればいい。手っ取り早いのは人件費をカットすれば純利益は上がる。だから企業は派遣労働者を増やし、賃下げ、下請けカットなどのリストラに走る。次に分母を圧縮すれば数字が上がる。

分母＝自己資本を減らすには株主配当を増やせばいい。役員に巨額の報酬を払うことでも自己資本は減る。こうなればＲＯＥの数字が上がり、投資が集中して株価が上がる。

なんのことはない、ゴーンさ

図表14　日本企業における株主構成の変化

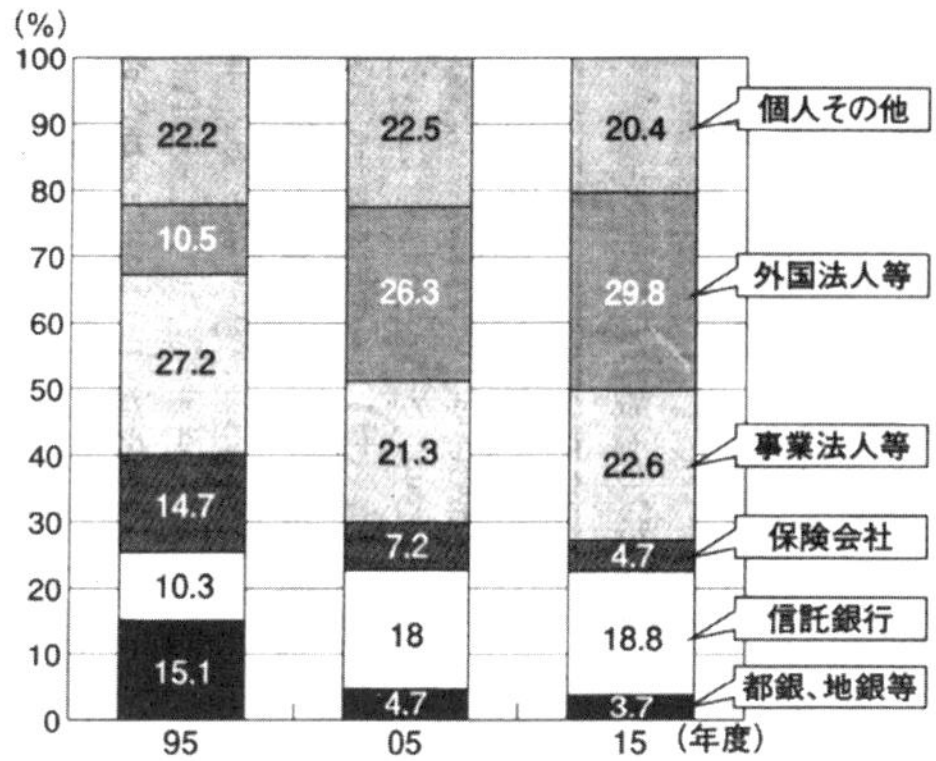

（出所：「しんぶん赤旗」2018年12月13日　関野秀明氏作成）

$$ROE = \frac{\text{当期純利益}}{\text{自己資本}}$$

んでなくとも首切り合理化を冷酷に進めて、役員報酬をたんまり貰えば、株主資本利益率ＲＯＥが上がり「名経営者」と褒め称えられるのだ。

日産だけではない。前頁の**図表14**は日本企業の株主構成の変化である。95年には10％程度だった「外国法人等」が20年後の２０１５年には約30％へ急増している。90年代まで日本企業はお互いに株式を持ち合っていた。だから株主へ配当することはあまり意味がなく、その収益の一部を賃上げに回した。しかしアメリカの圧力と「小泉・竹中構造改革」によって、「株式持ち合い」が許されなくなり、ＲＯＥが優先されるようになった。日本企業が外国資本、ヘッジファンドなどの投資家に買われていく。そして「外国法人等」への配当は、日本には落ちずに外国へと抜けていく。

上の**図表15**は２０１７年の役員巨額報酬ランキング。上位５名全てが外国人だ。「日本人が働いて、築き上げてきた会社の価値」を外国人に持って行かれる。これでは税収が増えないので保育所の待機児童問題、高齢者の介護問題が解決

図表15　大企業経営者役員報酬ランキング

順位	役員名	企業名	役員報酬（億円）
1	ニケシュ・アローラ	ソフトバンクG	103.5
2	ロナルド・フィッシャー	ソフトバンクG	24.3
3	マイケル・リントン	ソニー	11.4
4	カルロス・ゴーン	日産	11.0
5	クリストフ・ウェーバー	武田薬品工業	10.5

（出所：「しんぶん赤旗」2018年12月13日）

できないのは当然だ。ゴーン容疑者に関する報道でも「なぜ彼があれほど過酷なリストラに走ったのか？」「日産はそんなゴーンさんになぜ巨額の報酬を払い続けたのか？」という本質部分の解説は少なかったように思う。

「ゴーン流リストラ」を繰り返した日本はどうなったのか？

日産が賃金カットする。トヨタも三菱もパナソニックもシャープも…。確かにリストラした企業の株価が上昇し、市場では優良株と褒めそやされる。しかし日本人全体の賃金が下がったため、物が売れず、次第に企業の売り上げが減少する。これは「合成の誤謬」と言って、簡単に言えば、自分だけが良かれと思ってリストラすれば、全体が沈んでいくのだ。

宝の湖に欲張りじいさんたちが乗る船が浮かんでいる。じいさんたちは、湖水に浮かぶ金銀財宝をすくい上げ、両手に抱え込む。じいさんたちは欲張りなので、どんどん抱え込んでいく。するとその重みに耐え切れずやがて船は沈んでいく。

日本は今そんな状態なのだ。

ではそんな日本を救う道はあるのか。この章の最後に経済学博士で神戸大学名誉教授の二宮厚美さんに日本経済の現状と再生の方策について聞いた。

「アベ改憲に反対」の一点で共闘すべき——二宮厚美さん

——第二次安倍政権が発足して6年が経ちました。つまりアベノミクスも7年目になりますね。政府は「アベノミクスは成功した。景気が良くなった」と宣伝していますが。

二宮　まったく逆で、大失敗に終わっています。2012年末第二次安倍内閣が登場してからこの6年間で唯一景気が上向いたのは、13年～14年にかけての期間のみです。大規模な公共工事に予算を注ぎ込みました。「国土強靭化」と呼ばれた、アベノミクス第二の矢、です。しかしこれは伝統的な景気浮揚策で、田中角栄氏の時代から続く「土建国家」的な予算執行なのです。つまり誰が首相でも同じような効果が期待できるもの。14年以降は日銀も認めているように日本経済は長期停滞、デフレ状態が続いています。

——格差だけが広がって、私たち普通の市民には好景気の実感が全く感じられません。

二宮　それはその通りで、労働者の実質賃金は１９９７年から一貫して下がり続けています。４６０万円ぐらいあった平均年収が50万円も下がって今や４１０万円程度です。サラリーマンにすれば毎月４万円程度の小遣いがゼロになったと考えられるわけで、居酒屋で飲む回数も減るし、車や洋服にかけるお金も節約しますよね。ただデフレで物価も下がっていったので、極端に貧しくなったわけではない。ダラダラと低成長の時代が続いたのです。そんな中で円安による輸出の回復、政府と日銀による株の購入、つまり株価のつり上げで、なんとかＧＤＰだけは一進一退だった、ということです。肝心の国内消費、つまり内需が全然伸びないので、景気は回復するはずがありません。

――１９６０～70年代、日本は高度経済成長を成し遂げましたが、現在との違いは何なのでしょう？

二宮　高度成長は、輸出に依存した経済成長でした。この当時、ＧＤＰへの輸出が占める割合は12〜13％。つまり日本が自動車やカラーテレビなどの家電商品を輸出します。するとトヨタやパナソニックなど大企業は国内に設備投資して、生産力を高めていきます。そこで雇用が生まれ、賃金が後から上昇して、消費＝内需が伸びて景気が良くなる、といった循環です。

ところが今は状況が違います。現在はＧＤＰの15〜18％が輸出なので、単純に考えると輸出産業を応援すれば景気が良くなるように思います。だからアベノミクスは円安に誘導し、輸出産業が儲かる仕組みを人為的に作った。しかし企業が莫大な利潤をあげてもトヨタやパナソニックは国内に設備投資をしません。すでに海外に生産拠点を移しているので、その収益は日本に落ちない。だから輸出＝外需に依存しても国内景気は浮揚しないのです。

――大企業だけが潤って庶民は貧しいまま、ということですね。

二宮　わかりやすいのが日産のゴーン容疑者です。99年に役員に就任して、コストカッターという名の通り、２万人以上の首切り合理化、下請け企業の切り捨てなどを行いました。その結果、日産の業績はＶ時回復しました。失業者が急増し賃金が下がり、内需が冷え込んだので国内経済は痛めつけられたのですが、日産の価格競争力は上がった。アベノミクスは今までゴーンさんのような経営者を褒め称えてきました。第三の矢は「企業の競争力を高める」でしたから。しかしゴーンさん個人の報酬がいくらつり上がっても彼は国内で消費しない。日本経済は低迷したまま。ゴーンさんの報酬は年間で約10億円と言われていますね。例えば年収２５０万円の一般的な労働者が、この金額を稼ごうと思えば約４００年かかります。つまり関ヶ原の戦いの時代から働き始めて（苦笑）、ようやく今、ゴーンさんの年収に追いついた、ということなのです。報道によれば、ゴーンさんは、この期に及んでも自分の身の潔白を主張しているようですね。下々の人々を痛めつけて平気でウソがつける。安倍首相とゴーンさんはよく似ていますよ。（笑）

――富裕層や大企業はお金を貯めこむばかり。そのお金が回らないので景気が良くならないということですね。この状況で消費税を10％にあげると、それこそ日本は沈没するのでは？

二宮　その通りです。例えば月収30万円の人が毎月25万円を消費するとします。

消費税は25万円×8％＝2万円ですね。残り5万円は貯蓄なので消費税は0です。つまり貯蓄するお金が多い人、富裕層ほど消費税は非課税。14年に消費税を8％に引き上げてから、日本は消費不況の真っ只中です。10％に引き上げて法人税を下げるというのは、不足している消費＝内需を痛めつけて、過剰な貯蓄＝内部留保をさらに優遇するということ。これではますます格差が広がってしまう。アベノミクスはアベコベミクスなのです。

――アベノミクスの第一の矢、日銀が国債や株を大量に購入し、日銀券、つまりマネーを流通させて景気を回復させる、という政策は完全に失敗しているようですが。

二宮　大変危険な状況です。国の借金が約1000兆円あるのですが、日銀は今やその半分の500兆円を買い支えています。政府は今後も借金を返せないので、国債＝借金は積み上がるばかり。かといって年間約30兆円の国債を発行しなければ、日本の財政は持たない。もし政府が国債＝借金を返しません、と宣言すれば国債の価格は暴落し、買い支えてきた日銀券＝現金の信用が失墜します。その結果ハイパーインフレになって、国民の預金が暴落する危険があります。

財政規律を歪め、青天井で国債や株価を買い支えてきた黒田日銀の罪は重いのです。何らかの出口戦略を考えなければいけない。一つの方策として、日銀が所有する国債を永久債とするのです。永久債とは償還期限が永久、つまり返さないでいい国債にすれば一息つけます。そして時間をかけてゆっくりと景気回復のための施策を打って、徐々に経済を活性化させ、まずは単年度収支、プライマリーバランスを均衡させる、借金しなくても予算が組めるようにしなければなりません。

――そのためには「税金はまず富裕層、大企業から」ですね？

二宮　そうです。まずは安倍政権を打倒してアベノミクスを終了させること。安倍首相の悲願は２０２０年までの憲法改正ですから、その実現に向かって突き進むでしょう。20年の東京オリンピックぐらいまでは建設需要があるので、持つかもしれません。でも莫大な借金という爆弾を抱えたままの政権運営です。いつその爆弾に火がつくかわからない。だから速やかに安倍政権を打倒し、よりマシな政権のもとで国債はしばらくの間凍結し、所得税、法人税を98年水準に戻す。そして大企業の内部留保を賃上げに振り向けて、景気をゆっくりと回復させ、税収を引き上げていくのです。

――そのためには立憲民主、共産、社民、自由、国民民主などリベラル勢力による野党共闘が何よりも重要ですね。

二宮　当面は「アベ改憲に反対」の一点で共闘すべきです。安倍首相は「たとえ失敗しても、改憲に着手した初めての首相として名を残したい」と述べています。安倍首相の最後の野望、つまり憲法9条の改正を許してしまうと日本は軍事国家の道を歩むことになってしまいます。消費税を引き上げてアメリカ製の最新兵器を爆買いする、そんな安倍政治に国民の不満が高まっています。ただ「他に代わりがいないから」と、消極的に支持している人が多いのも事実。だからこそ野党が共闘して受け皿を作れば、自民党は大敗するでしょう。2019年の参議院選挙は極めて重要になるでしょうね。

―取材を終えて―

二宮さんはヨーロッパ財政史の研究もされています。所得税が導入されたのは第一次世界大戦が原因だそうです。つまり英仏独伊などの大国が戦争をすればお金が必要となる。それまでは国民（富裕層）の資産に税を賦課する資産税だけ。そこで国民の所得に課税する仕組みを考えたのです。一度導入した税制は戦後も続きます。結果として所得税は累進課税なので、富の再配分になります。

その後ヨーロッパや日本などでファシズムが台頭。第二次世界大戦の際も財政が逼迫してヨーロッパで付加価値税が導入されたのです。戦後のヨーロッパ、特に北欧諸国ではその税収が福祉に回されたのでスウェーデンやデンマークなどは福祉国家になりました。日本は…。安倍政権のもとで貴重な税金が社会福祉に回らず軍事費だけがうなぎのぼり。戦争は新たな税負担を強いるのです。早く打倒するしかありませんね。

第2章　武器はいらない〈イージス・アショア配備予定地ルポ〉

「絶対反対」の看板設置

イージスとはギリシャ神話に出てくるゼウスの盾のことだ。この盾であらゆる邪悪を防ぐという。海上に展開するイージス艦のレーダーとミサイル部分をアショア、つまり陸揚げしたのがイージス・アショア（**図表1**）。つまり北朝鮮から飛んでくる邪悪なミサイルを「陸の盾」で撃ち落せ、という意味。

えっ？　でも南北&米朝会談で戦争は回避の方向。もうミサイル危機は去ったのと違うの？　その通り。全く必要がなくなった「陸の盾」になんと6000億円！の血税が投入されるという。

「ボーッと生きてんじゃねーよ」。これは安倍内閣を叱りつけねばならない。2018年10月、配備予定地の一つ山口県阿武町に飛んだ。

イージス・アショアの配備予定地は秋田県秋田市の新屋（あらや）演習場と、山口県萩市のむつみ演習場（**図表2**）。ともに陸上自衛隊の所管で工事に約5年、このままいけば2023年度には実践配備される予定だ。

図表1　イージズ・アショアのイメージ図（出所：防衛省・自衛隊　弾道ミサイル防衛（ＢＭＤ）について）

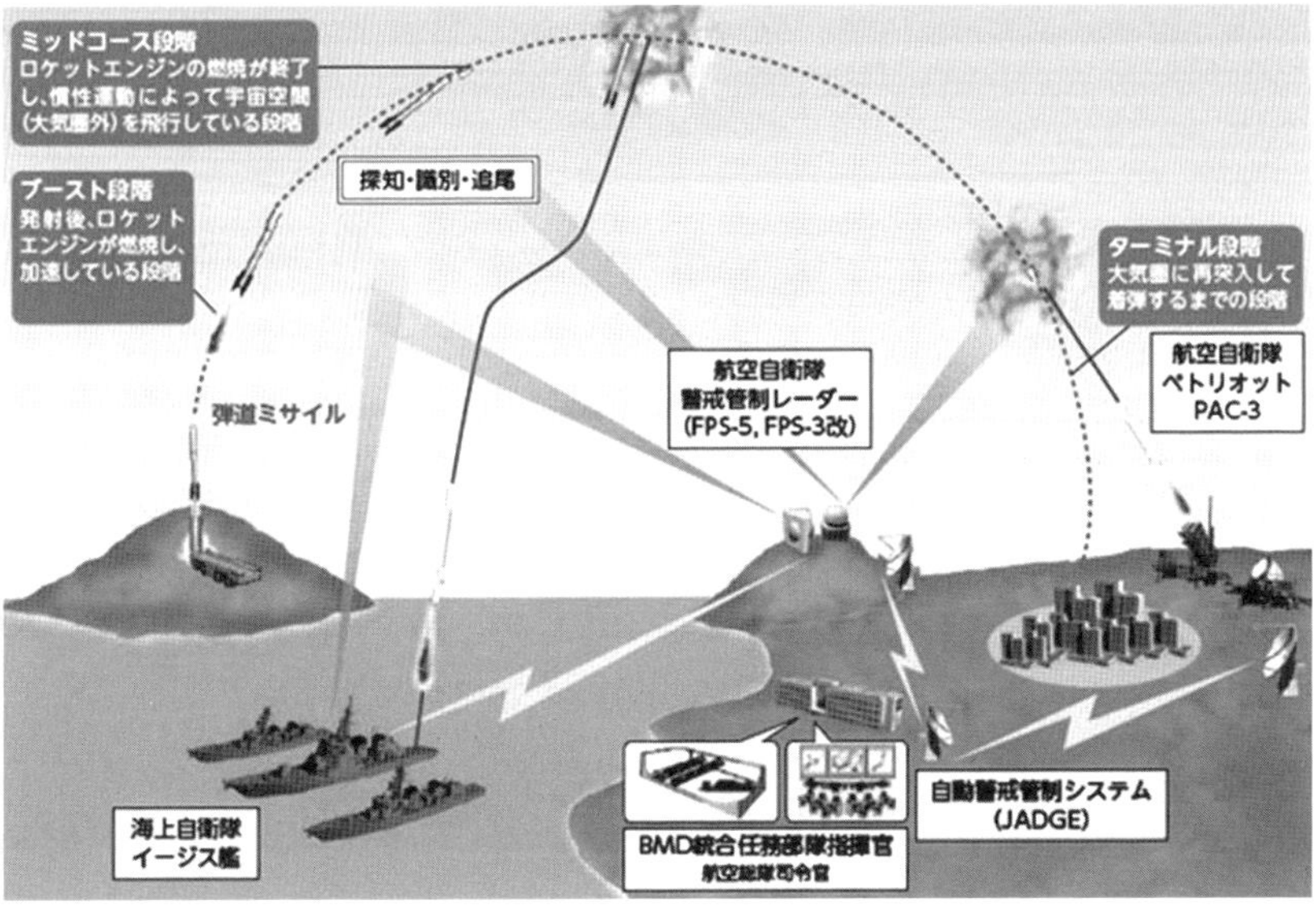

図表2　山口県の山間部に位置するむつみ演習場

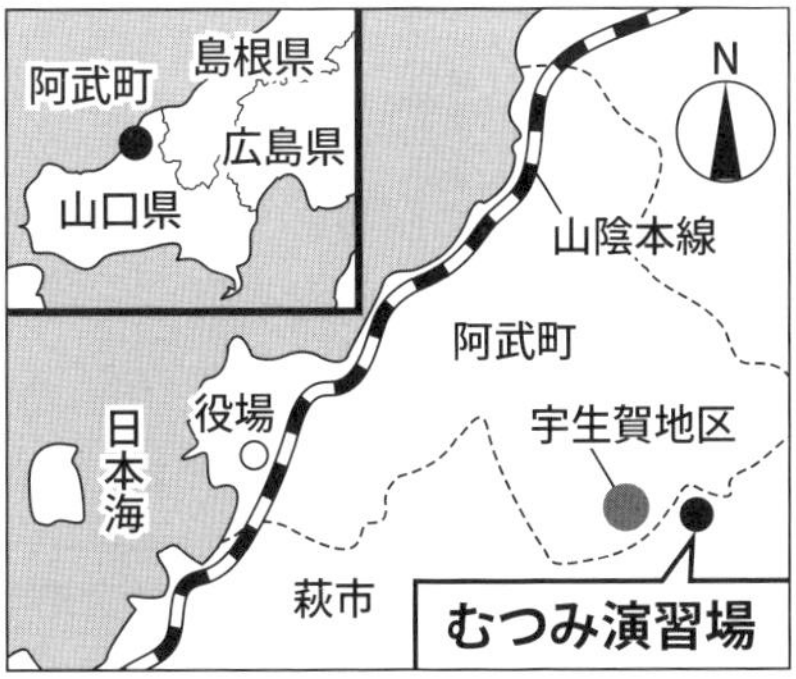

山口県阿武町は萩市に隣接する人口約３４００人の小さな町。萩市との合併を選ばず、農民たちが自主的に棚田を整理し、コメと路地野菜の栽培で自立を目指してきた。スローガンは「選ばれる町」。選ばれるとは？　過疎に悩む田舎では都会から若者の移住を呼び

写真1　「絶対反対」の看板の前に立つ仁比総平議員（中央）と山口県平和委員会のみなさん

かける町村が多い。そんな中で阿武町を選んでもらおうということだ。火山活動でできた山々に棚田が広がる。県道沿いには「平和を願う福賀の会」が建てた「絶対反対」の看板（**写真1**）。

平和だからこそ農業ができる

この看板前で日本共産党の仁比総平参議院議員と待ち合わせる。仁比議員と山口県平和委員会の方々が現地視察をするというので、同行させてもらった。まずは阿武町福賀地区で農業を営む白松博之さんを訪ねた。白松さんはこの地で農家民宿（**写真2**）を営みつつ、Iターン希望の若者たちに農業技術を教えてきた。

「主に白菜とレタスを作っています。今

写真２　白松さんの農家民宿

は白菜の時期で1日2～4トンの収穫があります。その白菜畑から自衛隊の演習場は２００メートルくらい。イージス・アショアができたら、私たち農家は強烈な電磁波にさらされます」

「そんなことになれば若者たちが来てくれなくなりますね」

「そうです。彼らはこの農家民宿に数カ月泊まって、機械の使い方や栽培の方法を学びながら、阿武町に定住するかどうかを決めています。阿武町は全国に８００ほどある過疎自治体の中で、17番目に転入が多いのですが、イージス・アショアが来れば、また元の過疎の町に戻ってしまいます。実際に、『民宿に泊まって定住できるか試してみたい』とメールや電話で問い合わせがあったのですが、この問題が起きてから、問い合わせはピタッと止まってしまいました」

「住民説明会で防衛省は電磁波について何と言っていますか」

「『人体には問題ないレベル』というので、レーダーの出力は?と聞けば、『それは防衛上の機密事項なので言えない』と」

「イージス・アショアは強力な電磁波を出すと言われていますね。その数字が隠されているのに、なぜ『人体に問題なし』と言えるのでしょう」

「住民たちは『これでは説明になっていない』と怒っています。反対を表明した花田憲彦町長も『住民説明会はアリバイ作りだ』と抗議しています」

説明会は4回開催された。その中で「実際に迎撃ミサイルが発射されたら?」という質問が出た。

防衛省は、日本海に向けて発射される迎撃ミサイルは多段階に分かれていて、第一段階のブースターは「むつみ演習場に落下させる」と答えている。

えっ?　ブースターが落ちてくる?　むつみ演習場から農地まで200~300メートル。風向きや発射方向、ブースターの燃焼具合など複雑な条件下でミサイルは飛ぶのだ。

写真３　白松さんの白菜畑で。林の向こう側はむつみ演習場だ

民家や農地に落ちる危険性がある。あってはならないことが起きた場合誰が責任を取るのか？「想定外でした」。かつての東電の記者会見が脳裏をよぎる。

白松さんの農地へ案内してもらった。白菜収穫中の息子さんは農業高校を出て、この地で23年間、新鮮な野菜を作り続けている（**写真３**）。

実は白松さんは長年自民党の町会議員をつとめてきた。保守王国で政府に反対する運動をしていいのだろうか？　しかし地域のことを考えると…。悶々としているときに高校生の孫娘が「じいちゃん、イージス・アショアなんか絶対に作らせたらいけんよ。頑張ってね」と励ましてくれた。そう、これは俺たちだけの問題ではない。子や孫の代まで被害

写真4　浅野さんご夫妻

が続く。あの時もっと頑張っておれば、と後悔だけはしたくない。孫娘に背中を押され、立ち上がって闘うことを決断した。

「外交で解決すればいいんです。農民は戦争の道具なんて望んでいない。平和だからこそ農業ができるのです」。安倍自民党と決別した白松さんは計画撤回まで頑張る決意だ。

福島原発事故で避難、移住してきたが

次に阿武町にIターンしてきた浅野容子さんのお宅へ行ってみよう。浅野さんがこの町にやってきたのは2012年6月のことだった（**写真4**）。

浅野さん夫婦はなぜ故郷を捨てたのか？　それは福島原発事故である。浅野さんたちは福島県の浜通り、葛尾村に住んでいた。豊かな自然に囲まれたところでそこを終の棲家にしようと考えていたが、地震とそれに引き続く原発事故が全てを破壊した。体育館に避難し、その後勤務していた会社の独身寮へ入り、さらに実家のある下関市に帰ってきた。でもやはり田舎暮らしがいい。ネットの「空き家サイト」でこの家を見つけ移住してきた。ようやく安住の地を見つけた、と思った矢先のイージス・アショア。

原発事故で追われて、またミサイル基地に追われる浅野さん。もっとも懸念することは？と聞けば、それはやはり電磁波だった。「東京の娘は心臓にペースメーカーを入れているのです。阿武町にイージスが配備されそうだというと『マジ？　私、死ぬ』って。実際にペースメーカーの説明書には携帯電話の通信基地などにも『絶対に近づくな』と書いてあります。命にかかわる問題なのに防衛省はデータを見せません。原発事故と全く同じことが繰り返されています」

４回目の説明会でもこの電磁波問題に質問が集中した。首都大学東京の専門家がやってきて「総務省の電磁波防護指針は人間に関するもの。機械（ペースメーカー）については定めていない」と木で、鼻をくくったような回答。この学者は政府側が呼んだ専門家、住民側が信頼できる専門家も呼ぶべきではないか？

そもそも導入予定のレーダーは、ロッキードマーチン社製のＬＭＳＳＲという最新型のレーダーで、まだどこにも配備されていないものだ。

アメリカ・ニュージャージー州にあるロッキードマーチンの実験場で電磁波の調査をすると言う。つまり「ミサイル業者に電磁波調査」させて、その数字を信用しろというのだ。東電が福島原発を調査して「もう安全です」と言っても信用できないのと同じだ。

もう一つ、日本政府が隠したい「不都合な真実」がある。それは配備済みのルーマニアも配備予定のポーランドもアメリカが資金を負担して建設する。日本だけが日本のお金、それもアメリカ言いなりの金額でイージス・アショアを設置する。

そもそもなぜ山口県と秋田県に置くのか？

それは万一北朝鮮がハワイの米軍基地を狙えば秋田の上空を、グァムの基地に向けて発射すれば山口の空を飛ぶからだ（**図表3**）。

つまり日本は「住民の命をないがしろにしてでも、税金を使ってアメリカ様を守ってあげる国」だということだ。

次に訪問したのが萩市の千石台出荷組合。徳川時代に穀物が年間で千石採れたので千石台という地名になったが、明治以降は荒れ地となり、戦後すぐ１９４６年（昭21）から入植がスタートした。満州から帰還した人々、47年（昭22）に東富士演習場が出来た時に静岡県から移り住んできた人々によって開墾された土地である。電気も水道もない時代に、

図表3　ミサイルは山口と秋田の上空を通過する

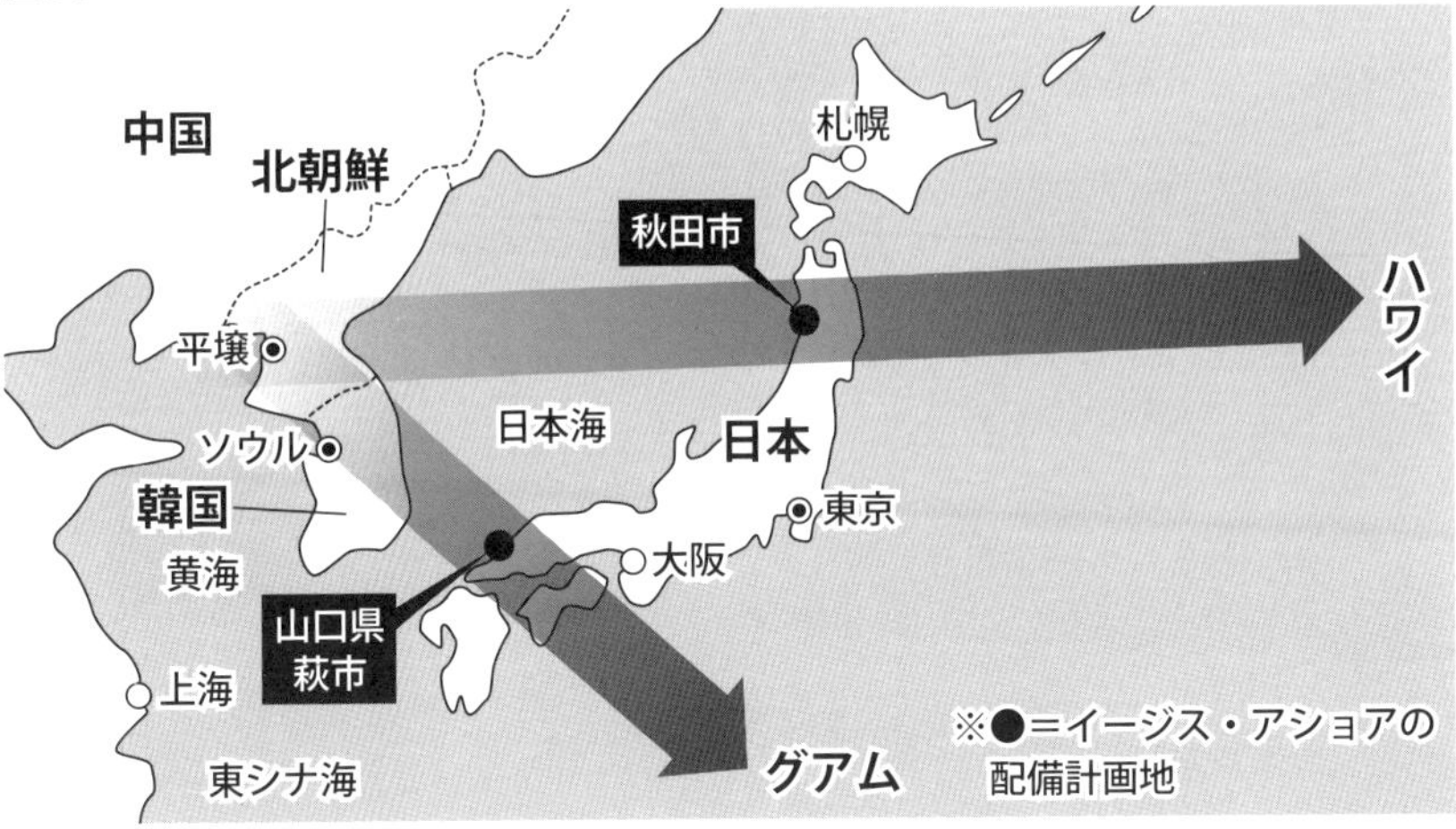

鍬とカマだけで開拓した先人たちの苦労が実って、ここは山口県最大のダイコン産地に生まれ変わった。組合長の田村健二さんに話を伺う。

「ここから自衛隊演習場までどれくらいですか」

「3～4キロです。農地は全部で約90ヘクタールですが、その大部分の80ヘクタールでダイコンを作っています。15戸の生産者は全て専業農家です」

「やはり気になるのは電磁波ですね」

「そうです。私たち農民は一日中外で作業をしています。イージス艦が海上でレーダーを回す時、船員たちは船内に身を隠すそうですが、私たちは隠れる場所がありません。説明会で『俺たちの農地がイージス艦の甲板のようなものになる』と抗議しました」

そうなのだ。イージス艦の周囲は大海原だが、

写真5　選果場で働く人たち

イージス・アショアの周囲は農地と民家。大根は気温の下がった夜に収穫する。そしてイージス・アショアの電磁波は昼夜関係なく発射され続ける。

「広大な畑に農業用ヘリで薬品散布をします。将来はドローンでも。それで『電磁波でヘリが誤作動を起こすじゃないか』と抗議しました。防衛省は『飛行禁止区域を作る』と言いましたが、範囲は言わない。これから調査して回答する、と」

そもそもイージス・アショアのレーダー出力数は「防衛機密」で言わないのだ。数字を隠している防衛省が「調査」して、安全ですと言われても

写真６　選果場の外には、この日収穫されたダイコンが積まれていた

信用できるはずがない。

「この千石台は県で最大の食糧基地なのです。食糧基地に戦争の基地なんていりませんよ」

組合長、つまり農民代表の田村さんも平和が一番だという。インタビュー後の雑談では「安倍さんは、トランプさんの顔を立てるために買うのでしょ？　私たちはそのとばっちりを受けているのです」とバッサリ。

ダイコン農家は一晩で4～5千本のダイコンを抜いて、選果場に運び入れる（**写真5**、**写真6**）。一本一本手作業で。その選果場には30名の労働者がダイコンを洗って、大きさを

選別し、箱に詰めて出荷している。

この労働者の中にペースメーカーを埋め込んでいる人がいる。「イージス・アショアから何キロ離れたらいいのですか?」。これは従業員の生命にかかわる問題だった。しかし防衛省の答えはやはり「数字は言えません」だ。「実際に被害が出るから言えないんでしょうね」。田村さんたちの不信感は大きくなるばかりだ。

全会一致で撤回を求める

選果場を後に、むつみ演習場に入ってみた。えっ、入れるの? 入れるのだ。1960年、陸上自衛隊がここに演習場を作ると発表した時、激しい反対運動が起きた。それで地元と自衛隊の間で覚書が交わされた。演習場といえども、そこは「入会地」として村の人々が共有してきた財産。山菜や果実など、村の財産は守られるべきで、このように地区と演習場の中に道路が通り、立ち入れるのは住民運動のおかげなのだ(**写真7**)。

この演習場は萩市になるが、北側に隣接するのが阿武町。ありえないと思うが「北朝鮮有事」になり、ミサイルが飛んで来れば迎撃ミサイルは北に向けて発射される。強烈な電磁波、落下するブースター、配備によって若者が寄りつかず過疎化の進行…。「イージス・アショアは絶対に阻止!」。阿武町議会では全会一致で撤回を求める請願が採択され、花田憲彦町長は「まちづくりに逆行する」と反対を表明した。政府が強引に進めれば「沖縄と一緒」の事態になる。安倍首相の地元から湧き上がったノーの声。阿武町を励まして、計画を撤回させよう。

写真7　この場所に「ゼウスの盾」がやってくる？

なぜこんなに高いの？

当初2基で2千億円と言われていたイージス・アショアは今や約6千億円につり上がっている。これは米国とFMS契約（対外有償軍事援助）を結んでいるからである。FMS契約の内容は①価格は見積もりで変更可能、②代金は前払い、③米国は一方的に契約を解除できる――だ。つまり、「俺様の最新兵器を売ってやるので、言い値で買え」ということ。

うがった見方をすれば、米国はわざと安く見積もりを出して、購入を決定させてから値段を吊り上げているのではないか。今や6千億円に膨らんだイージスアショアだが、まだ値段を吊り上げられるかもしれない。ここでもアベ政治の「下僕ぶり」が遺憾なく発揮されているのだ。

第3章　戦争はいらない〈イラク最新ルポ〉

避難民は粗末なテントで5年目の冬

２０１８年末、北イラクのスレイマニアに入り、避難民キャンプへの支援とイラクにおける「イスラム国」（ＩＳ）掃討作戦の最新状況を取材した。日本では「ＩＳは掃討された」と報道されているが、ＩＳは勢いを盛り返していた。そんな折にトランプ大統領がシリアからの撤退を発表。米軍が撤退すれば、トルコがシリアへの越境攻撃を仕掛けてきて、シリア国内に展開するクルド軍及びクルド支配地域は徹底的に破壊されてしまうだろう。トルコはクルド軍を「テロ組織」と見なしているからだ。

さすがに「撤退はダメです！」と米政権の内部から批判が出て、トランプ大統領は方針を修正。米軍は当面シリアにとどまることとなった。

そもそもこの泥沼化した戦争は２００３年にアメリカが国際社会の制止を振り切ってイラクを侵略した結果であって、混乱の原因はアメリカ政府にある。ＩＳはイラク戦争が生んだ鬼っ子なのだ（詳細は拙著『戦争のリアルと安保法制のウソ』日本機関紙出版センター、２０１５年参照）。今後もイラク・シリア戦争は泥沼化したまま、延々と続くだろう。

２０１８年10月にサウジアラビアのカショギ記者が暗殺され、サウジ王家の独裁体質が暴露された。今までのサウジは欧米製武器の最大購入国だった。欧米の武器商人たちは「お得意様の大失態」に気を揉んでいるだろう。人権も報道の自由もない国に武器を売れば、国内世論が反発するではないか。

そんな中でイラク・シリア戦争が長引いている。これは死の商人たちには都合のいい状況だ。トランプ大統領は「他国の予算で戦争を続ける」方針で、米軍の駐留経費は惜しいが、武器は売りたい。「イラク・シリアの泥沼は俺には関係ない」「しかし、武器だけは買ってくれ」というアメリカファースト。そんな中、避難民たちは粗末なテントで5年目の冬を迎えていた。

図表1　クルド人自治区はイランとの国境沿いに位置する（出所：「朝日新聞」2017年9月26日）

約3千人のヤジディー教徒が行方不明

２０１８年12月１日、今日もスレイマニアは朝から雨（**図表1**）。

通訳ファラドーンの車

写真1　避難民は全てISの支配から逃げてきた人々

でスレイマニア市郊外のアラバット避難民キャンプへ。広大な敷地にテントの群れが続く。ここだけで約1万5千人。すべて「イスラム国」（IS）から逃れてきた人々だ。キャンプの手前でクルド最大のテレビ局NRTのウィーリア記者と落ち合い、一緒に取材を始める。ウィーリア記者はドローンを飛ばし、キャンプの全景を上空から撮影する（**写真1**）。

やるな、最新技術やんか。こちらは手持ちのビデオのみ。「日本から来たくせに伝統的な手法だね」。通訳のファラドーンが笑っている。くっそー、腹立つ。アフリカ人はみんなバネがあるわけではなく、日本人はみんな技術力があるわけではない。ステレオタイプな見方をしやがって。悔しいが、ここは日本がクルドの軍門に下らねばならない。翌日、テレビ局に参上しドローンの

ご購読、誠にありがとうございました。
ぜひ、ご意見、ご感想をお聞かせください。

＊お寄せ頂いた方の中から毎月抽選で
20人の方に小社の本、どれでも1冊プレゼント！

[お名前]

[ご住所]

[電話]

[E-mail]

①お読みいただいた書名

②ご意見、ご感想をお書きください

(プレゼント希望の書名：　　　　　　　　　　　　　　　)

＊お寄せ頂いたご意見、ご感想は小社ホームページなどに紹介させて頂く場合がございます。ご了承ください。

ありがとうございました。

日本機関紙出版センター　でんわ 06-6465-1254　FAX 06-6465-1255

郵　便　は　が　き

恐れいりますが、
切手を
お貼り願います。

553-0006

大阪市福島区吉野
3-2-35

日本機関紙
出版センター行き

【購読申込書】

＊以下を小社刊行図書のご注文にご利用ください。

［書名］　［部数］

［書名］　［部数］

［お名前］

［送り先］

［電話］

写真2　ISに拉致されたイーダさん（写真）と泣き崩れるスレイマンさん

映像を頂戴する。写真中央の大きな屋根の建物がキャンプに設置された学校で、写真上側にモスルやティクリートから逃げてきたアラブ人が住んでいる。下がイラク・シリア国境から逃げてきたクルド・ヤジディー教徒たちの居住区。

訪問したのは下側、ヤジディーのテントだった。キャンプは前日からの雨でドロドロ。靴下を履いていない子どもたちが多く、今後はこの雨が雪に変わっていくので、靴下と防寒着が不可欠だ。

キャンプの様子を取材しながら、ファニー・スレイマンさん（39）のテントにお邪魔する。スレイマンさん一家はヤジディー教徒で、イラク・シリア国境地帯に住んでいた（**写真2**）。

2014年8月3日、彼女の街にＩＳがやってきた。ＩＳは、イスラム教スンニ派以外は人間ではないという狂った教義を信じ込んだ集団なの

写真3　拉致された当時の息子（1歳）

写真4　生還した時は4歳になっていた

で、ヤジディーの男性は殺してもいいし、女性はレイプして連れ去り、「奴隷妻」として売り買いしてもよいと信じ込んでいる。彼女たちは必死で山に逃げ、10日間を山の中で過ごし、ドホークという町に逃げた。しかし彼女の長女は…。

ＩＳに捕まってしまったのだ。イーダ・アブドッラーさんは当時21歳で結婚したばかり。その日は夫が街に出て留守だった。彼女は1歳の息子を連れて山を目指したが、すでにＩＳ兵士を乗せた車が道路を塞いでいた。イーダさんと息子は拉致されてしまった。それ以降イーダさんは消息不明だ。3年後のある日、ＩＳから連絡が入った。「身代金を払えば1歳の息子を助けてやる」。ＩＳは指定したフェイスブックのアドレスを提示した。そこにはあの可愛い孫の写真（**写真3**）。

写真5　娘がプレゼントしてくれたスカーフで泣き崩れる母親

スレイマンさんは必死でお金をかき集めてISに送り、孫は生還した。孫はすでに4歳になっていた。今はドホークという町に父親と一緒に住んでいる（**写真4**）。孫は取り戻したが娘は帰ってこない。

レイプされていると思うか？　性奴隷になっている娘をどう思うか？などの質問はできなかった。「これは私の誕生日にイーダがくれたスカーフなの」。スレイマンさんはそのスカーフで顔を覆い、ずっと泣き崩れていたからだ（**写真5**）。カメラを持つ手が震え、ファインダーが涙でにじむ。

「戦争と性被害はセットで起こる」と言われるが、実際に被害者の話を聞くと「こんなこと絶対に許してはならない」と怒りがこみ上げる。2018年のノーベル平和賞は、イーダさんと

写真6　日本で集めた支援金で防寒着を配った

同じ経験をしたナディア・ムラドさんに贈られた。ムラドさんは生還できたが、まだ約3千人のヤジディー教徒が行方不明者のまま。イーダさん、殺されていなければいいが。

地雷や爆弾が残る故郷に帰れない

12月2日、アラバット避難民キャンプで子ども用防寒着を配布する（**写真6**）。

生まれつき足が逆の方向に曲がっている子どもがいる（**写真7**）。内反足だ。日本なら生まれてすぐに矯正するが、この子は7年間放置されてきた。歩くことはおろか立ち上がることもできない。フセインの出身地ティクリート生まれ。米軍はティクリートにも大量の劣化ウラン弾を投下している。その影響なのか？

2014年の夏にＩＳがティクリートにやっ

写真７　内反足の子ども。歩けないのでずっとテントの中にいる

てきた。この子はまだ3歳だったので、両親は抱きかかえて逃げることができた。現在の体重ならここにたどり着けなかっただろう。「日本からだよ」。防寒着を手渡すと嬉しそうに微笑んでくれる。

先天性脳障害の子どももいる（**写真8**）。やはりティクリートの出身。両親はこの子のレントゲン写真を見せて「イラクでは治らないの」。やはり劣化ウラン弾の影響か？

彼らの故郷にはＩＳが逃げていく時に仕掛けた地雷や爆弾が残っている。そしてＩＳが息を吹き返し、戻ってくるかもしれないのだ。とても故郷には帰れない。しかし国連は２０１９年度からイラクの難民関連予算を70％カットするという。「ＩＳ掃討作戦が終わり、故郷に帰れるはずだ」という理屈だ。これは現実を知らない

写真8　劣化ウラン弾の影響なのか…

非情な決定ではないか。実態に合わせて必要な予算措置をとるべきだ。

現在進行形の戦争を展示

12月3日午前中は、スレイマニア市の中心にある「アムナスラーカ博物館」を訪れた。ここはフセイン時代の治安警察本部で、80～90年代、イラクからの独立を求めるクルドの活動家を逮捕し、拷問して殺していた場所である。玄関ホールの壁面には18万2千個のグラス、天井には4500個もの小さな電灯。フセインに虐殺されたクルド人と廃村にされた村の数を電灯で表している（**写真9**）。

博物館は二つの棟に分かれていて、手前の棟は当時の刑務所のまま。独房が続き、虐殺された人々の写真、当時の拷問の様子が展示されて

写真９　この4500個の灯りはフセインによって壊滅されたクルドの村の数を表している

写真10　当時の拷問の様子。手前のバッテリーは電気ショックを与えるも

いる（写真10）。

戦前の日本でも特高警察が戦争反対の人々を捕まえては拷問していたが、戦争になればどの国も似たようなことをするものだ。

次の棟は「現在進行形の戦争」が展示されていた。ＩＳとクルドの戦い。凄まじい死闘で多くの兵士が亡くなっ

写真11　多くのクルド女性兵が亡くなっている

てしまった。死亡した兵士の中で目立つのが女性兵士（写真11）。
　クルド女性も志願して地上戦に参加したのだ。両親や親戚が殺され、友人の女性がレイプされた。そんなＩＳを許すわけにはいかない。復讐心から前線に立ち、そして殺された女性たち。みんな若くて青春真っ盛りの女性ではないか。その笑顔が逆に悲しみを誘う。
　展示されている写真を見て歩く。「すごいぞ、これロケット弾だ」。ファラドーンが指し示す写真を見てビックリ。えっ、これ腕の中に突き刺さっている？（写真12）。ロケット弾が兵士の右腕を貫通し、不発弾になったの

写真12　ロケット弾が腕を貫通して止まっている

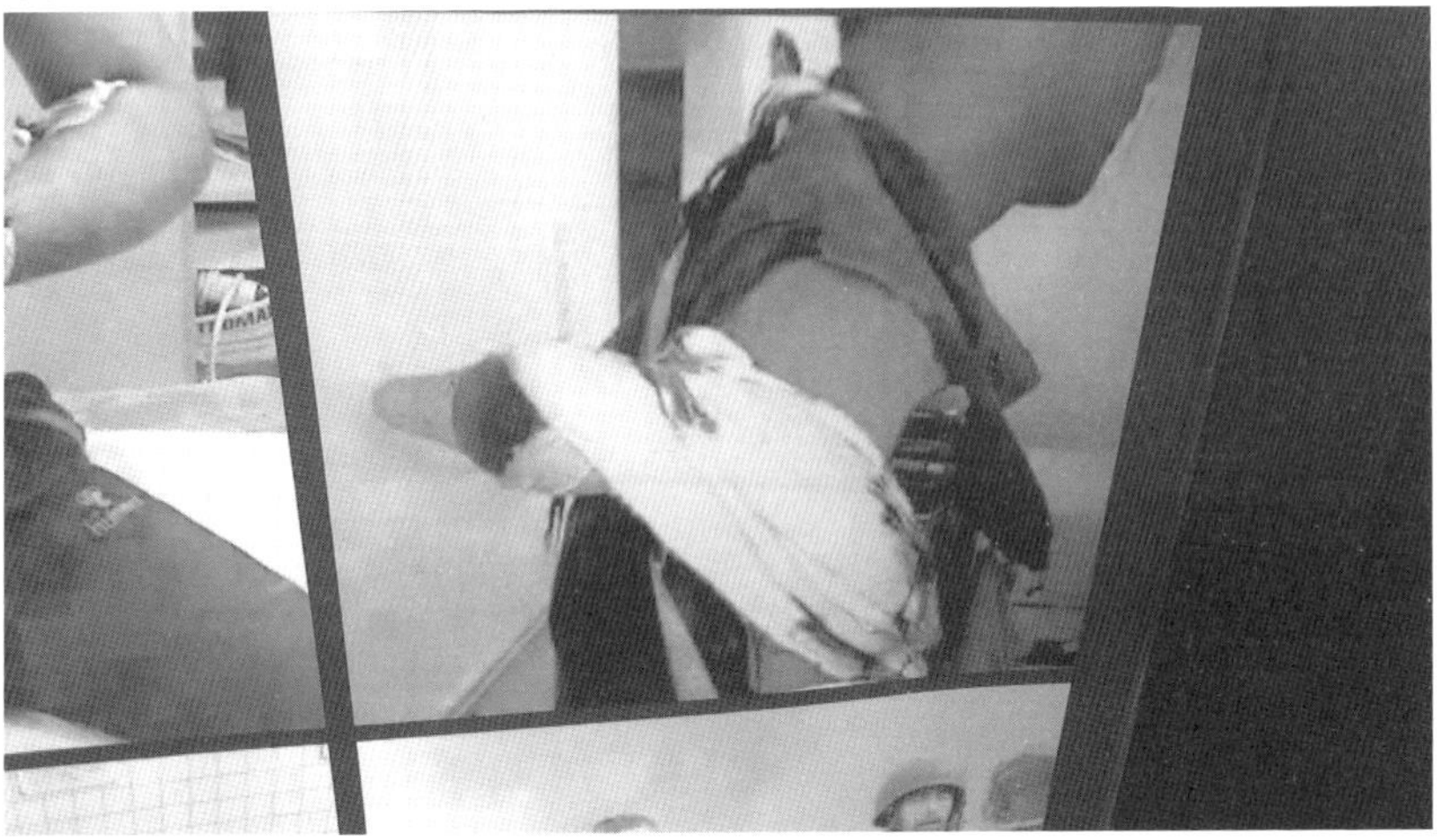

だ。爆発したら即死。もう現実が想像の世界を超えている。

イラクとクルド対立の下で復活するＩＳ

12月４日、スレイマニア市から約２５０キロ、アルビル市に入った。ここはクルド自治区の首都で、スレイマニア市より数倍大きな大都会だ。おしゃれなショッピングセンターや五つ星ホテルが入る高層ビル、ボウリング場などが次々とオープンしていて、「ここホンマにイラク？」と思ったほどだ。初めて来た人はびっくりするだろう。そんなアルビル市から国道２号線を30分ほど西へドライブ。大きなチェックポイントがあってアルビル市はここでおしまい。チェックポイントを過ぎて更に西へ20分、別のチェックポイントにはクルドの旗とイラクの旗。ここか

写真13　ISが逃げていく時に橋を爆破

らクルドとアラブの混住地区になる。そして17年7月まで「イスラム国」（ＩＳ）に支配されていたモスル市はここから目と鼻の先だ。

つまりこういうこと。石油収入で潤った「平和と繁栄の街、アルビル」から車で1時間ほど西へ行けば、ＩＳに支配された恐怖の街モスルだということ。戦争と平和、繁栄と貧困がわずか車で1時間の距離に同居している。

モスルへの国道を行く。チグリス川の支流カラク川が流れていて、川にかかる橋が爆破されている。ＩＳがモスルを陥落させ、アルビルに攻め上がろうとした2014年8月にこの橋を爆破したのだ（**写真13**）。

この時アメリカのオバマ政権は「同盟国クルドを守る」（真の理由は油田を守る）と称して空爆を始めた。それから4年間、ずっと米、仏、ロ、

写真14　3カ月前、この町はISに破壊された

トルコなど有志連合の空爆、つまり「テロとの戦い」が続いている。モスルまで約10キロの地点、ハサン・シャームという町で道路が封鎖されている。そしてハサン・シャームは見事に破壊されている（写真14）。

「ＩＳが3カ月前にこの町にやってきて、ほとんどすべての家を破壊したんだ」。ファラドーンが「ＩＳは復活しているんだよ」と現状を説明する。ＩＳは掃討されていない。むしろ盛り返してゲリラ的に警備の手薄な地域を襲撃しているのだった。

ハサン・シャームの撮影許可が下りず、国道から隠し撮りをする。なぜＩＳが復活しているのか？　それはイラク軍とクルド軍のにらみ合いが原因だ。2017年9月、ＩＳ掃討作戦で戦果を挙げたクルド軍は「この機に独立だ！」

写真15　前線基地のクルド兵。ISとの銃撃戦に備えている

とイラクからの独立を求める住民投票を実施して独立賛成が多数を占めた。これがバグダッドのイラク政府を激怒させる。「独立は許さない。むしろ混住地域（62頁地図の斜線部分）はアラブ（＝イラク中央政府）のものだ」。米軍の指揮のもとで共同作戦に当たっていたイラクとクルドが対立する。ＩＳはその間隙を縫って復活していたのだ。

12月5日、早朝から車を飛ばしイランとの国境に近いディヤラ州ハナキンへ。ここは2003年のイラク戦争の際、米軍との激戦に巻き込まれた「スンニ・トライアングル」（スンニ派三角地域）の一部だ。相対的にスンニ派が多く住む街で、シーア派、クルドも混住している。やはりハナキンにもＩＳによって奪われた地域があった。前線基地は小高い丘の上にあっ

写真16　ＩＳの旗が近くに見えた（出所：ABC「キャスト」2018年12月18日）

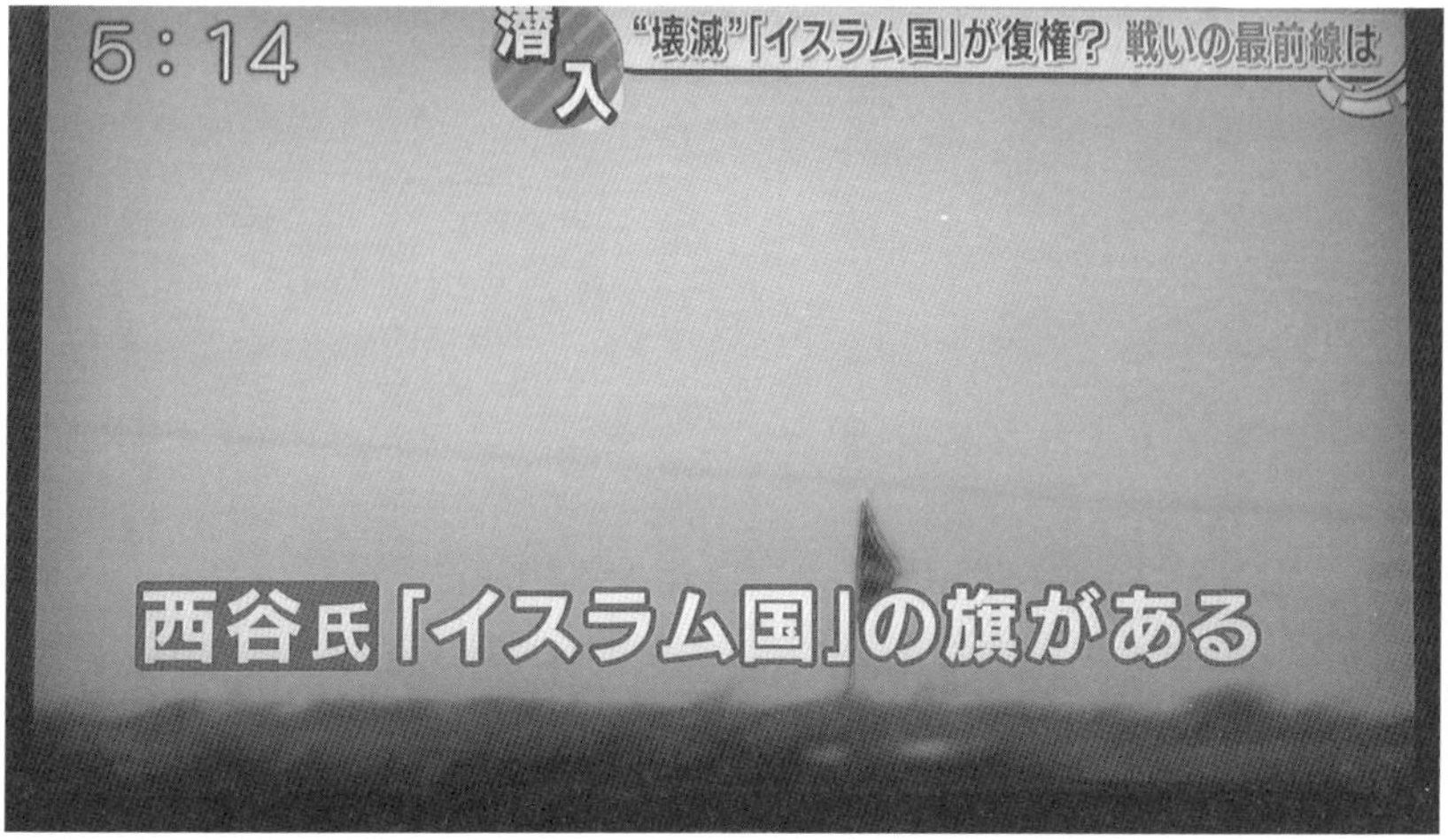

て、新しい塹壕が掘られていて兵士は24時間体制で見張りを続けている（**写真15**）。

ファラドーンがカラシニコフ銃を持ち助手席に乗り込み、クルド兵士の運転で農道を走る。農道に仕掛けられた爆弾が爆発しないことを祈りつつ、ＩＳ支配地域に近づいていく。「カメラダウン！」。ファラドーンが叫ぶ。イラク軍の検問所だ。イラクとクルドは緊張関係にあるので、検問所を撮影していることがばれると下手をすれば拘束されてしまう。無事検問所を通過しイラク軍支配地域に入る。イラク国旗が掲げられた基地を隠し撮り。後部座席に身を縮めてイラク軍兵士たちをやり過ごす。

「あの旗を撮れ！」。ファラドーンの指差す方向にＩＳの黒い旗。えっ、もしかしてここは？（**写真16**）。「バウム・マフムードという村だ。ＩＳ

がこの地域を奪い返した。俺たちはＩＳ側に入った」。心臓バクバク。

この車にクルド人が乗っていて、私がジャーナリストであることがばれるとヤバい。未舗装の農道とのどかな田園風景。遊牧民が羊を追いかけている。戦争とは日常の中の非日常。ＩＳ兵士がゲリラ攻撃を仕掛けてくるのはたいてい夜間。大丈夫だとは思うが、早くこの地域を抜けてクルド支配地区に戻りたい。舗装された国道に出て、運転手は車をぶっ飛ばす。クルドの国旗がはためく前線基地が見えてきた。基地の中へ入りほっと一息つく。

「イラク軍とＩＳは同じアラブ人なので密かに通じ合っている。クルドの地区を奪うためにイラク軍がＩＳを使って、攻めさせているんだ」。ファラドーンが言う通り、イラク兵が警戒する地域にＩＳの旗があった。ＩＳ掃討作戦には大きな亀裂が入ってしまった。その結果、泥沼の内戦はまだまだ続く。「結局、武器を売る人たちだけが勝ち組で、イラクもクルドもＩＳも負け組なんやな」。これが率直な感想である。

恋人を取り戻すためにＩＳに

12月6日、スレイマニア市のクルド治安警察を訪問。クルド軍がＩＳの街を奪い返す時に大量の兵士を捕虜にしている。この建物の中に刑務所があって、そこに囚われたＩＳ兵士がいるはずだ。

写真17　囚人となったＩＳの兵士（出所：ABC「キャスト」2018年12月18日）

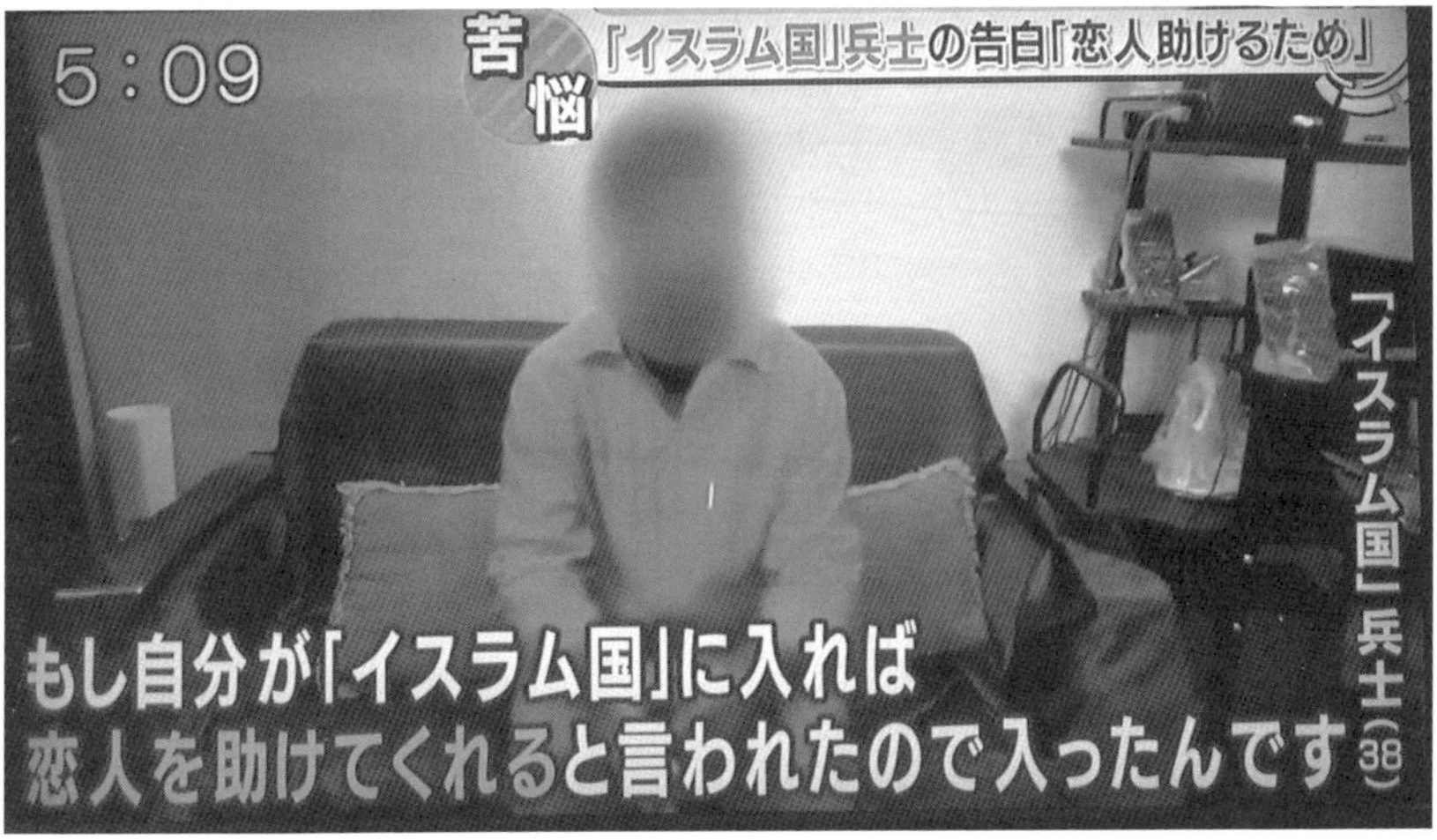

その刑務所へ向かう。集団房が三つあって2番の房に囚人がいた。十数人が囚われているが、彼だけオレンジ色の服を着せられている。

なぜオレンジなのか？「テロとの戦い」と称してアメリカは大量のイラク人を拘束しグァンタナモ基地に収容した。囚人たちの多数はテロとは無関係の冤罪だったが、アメリカは囚人たちにオレンジ色の服を着せて拷問・尋問を繰り返した。だからオレンジなのだ。後藤健二さん、安田純平さんもオレンジ色の服を着せられていた。「こいつらは許さない」という拘束者のメッセージ。

手錠をかけられた囚人ナビールさん（38）は、普通の素朴な若者に見えた（**写真17**）。

「なぜＩＳ兵士になったのか」

「7カ月前、村にＩＳがやってきた。恋人がＩ

Sにさらわれたんだ。俺は恋人を取り戻したかった。兵士になれば彼女を返す、と言われたんだ」

「彼女は無事帰ってきたのか」

「返してくれた。俺は兵士になってスパイ活動をさせられたんだ」

「前線に立って、地元の住民を殺害したのか」

「いや、人は殺していない。俺は村の若者をリクルートして、兵士にする仕事をさせられていた」

「何人、兵士にしたのか」

「6名をＩＳに送り込んだ。彼らはまだＩＳ兵士として戦っているはずだ」

「どこの出身なのか」

「ハナキン市のバウム・マフムードだ。スパイ活動とリクルート活動をしている時にクルド軍に捕まってしまった」

バウム・マフムード！　昨日訪問したあの農道が続く牧歌的な村は7カ月前（２０１８年4月）にＩＳに奪い返されたのだった。恐怖政治が復活する中で彼は兵士にならざるをえなかった。この青年も被害者じゃないか。

「はい、私はスンニ派です」。澄んだ目でまっすぐにカメラを見つめながら経過を語ってくれたナビールさん。裁判で無実を訴えるつもりだというが、果たしてクルドの裁判所はどう判断するだろうか？　何しろ、数千名のクルド人がＩＳに殺され、レイプされ、奴隷妻にされたのだ。クルドの怒りは凄まじい。極刑になればまた１人、戦争の犠牲者が増えてしまう。ＩＳ兵士にさせられた若者も志願したクルド女性兵士もみんな戦争の被害者なのだ。

「戦争請負人」たちの落選で

12月８日、スレイマニア市を飛び立ったカタール航空は無事ドーハに到着した。ドーハは２０２２年のサッカーワールドカップに向けて好景気に沸いている。２０１５年に万博を開催したドバイとともに、金満都市になったと言える。そんなカタール、ＵＡＥ、サウジなどの湾岸諸国はアメリカから大量の武器を買い、それをイラク・シリアの反体制派につぎ込んだ。反体制派の中にはＩＳがいた。ＩＳもクルドもイラクもアメリカ製の武器で戦っている。

バイ・アメリカン（米国製の武器を買え！）。トランプ大統領の圧力で安倍政権はＦ35戦闘機、イージス・アショア、オスプレイなどの最新兵器を爆買いしている。アメリカに忠実で武器を買ってくれる国は「平和に発展」し、異議を申し立てた国（イラクやイラン、

シリア など）は戦争や経済封鎖にさらされる。そして莫大な税金を費消する戦争で、悲劇が繰り返されていく。この悪循環を断ち切るには、「絶対に戦争させない」「平和産業で持続可能な社会を築く」という世論を高め、適切なリーダーを選挙で選ぶことだ。その点、日本もアメリカも「ミスチョイス」をしてしまった。次の選挙では「戦争請負人」たちを落選させなければならない。

第4章　カジノはいらない、万博に騙されるな

写真1　大阪万博決定を喜ぶ松井一郎大阪府知事ら（出所：「日経新聞」2018年11月24日）

万博反対者は非国民?

その瞬間いやーな気分に襲われた。２０１８年11月23日深夜、パリに本部を置くＢＩＥ（博覧会国際事務局）総会。ここで２０２５年に開催される万博の決選投票が行われていた。勝ち残ったのは日本の大阪とロシアのエカテリンブルク。電光掲示板に投票結果が出る。92票対61票。

「日本勝ちました！　２０１５年の万博は大阪です」。アナウンサーの絶叫とともに松井一郎大阪府知事、吉村洋文大阪市長、世耕弘成経済産業相が歓喜の雄叫びをあげる。ええ歳したおっさんたちのバカ騒ぎ（**写真1**）を延々と見

せられ、続いて安倍首相のコメント、道頓堀で喜ぶ市民の姿が続く。万博反対、とりわけ「カジノとセットは嫌だ！」の声は決して報道されることなく、「日本人はみんな大賛成、万博に反対するヤツは非国民」であるかのような雰囲気が醸成されていく。

あれっ、この状況って既視感ないか？

２０１３年９月８日。「トーキョー！」。ジャック・ロゲＩＯＣ会長が「ＴＯＫＹＯ」と書かれたフリップを示し、会場は歓喜に包まれる（**写真2**）。「よくやった、おめでとう」の賛辞が繰り返され、あたかも日本全体が東京オリンピック賛成であるかのような報道が続いた。オリンピック開催について懸念の声・反対の意見はかき消され、その結果「オリンピックと言えばどんな予算も通る」状態になり、当初３千億円と計上されていた開催費が今では３兆円に膨らむと言われ、今後どれだけの経費がかかるかわからない。そして今、東京オリンピック招致に関して、竹田恒和ＪＯＣ会長が賄賂を贈ったのではないかという疑惑が持ち上がっている（**写真3**）。ブラジルオリンピック委員会の会長カルロス氏が逮捕されたリオオ

写真2　「トーキョー」と発表したジャック・ロゲIOC会長（出所：https://www.soccer-king.jp/news/japan/japan_other/20130908/133455.html

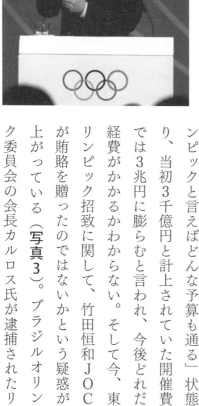

リンピックとまったく同じ構図だ。竹田会長もカルロス氏も同じシンガポールの会社を使ってほぼ同額の賄賂を贈ったとされている。竹田ＪＯＣ会長も逮捕されるかもしれない。

大阪万博はどうだろう？　開催国に選ばれるには、いろんな国から賛成票を獲得しなければならない。これは世耕経済産業相が誘致演説で語った言葉だ。

「私たちは約１００カ国に２４０億円を支援します」（**写真4**）。えっ、モロに利益誘導してるやん。おいおい大阪万博、ホンマに大丈夫？　近い将来、「東京オリンピックも大阪万博も金で買われたのだ」と世界から非難されてしまうのでは？

「こんなもんいらん！」。この章では万博とカジノについて、専門家の助けを借りながら冷静に分析したい。

写真３　竹田恒和会長の賄賂疑惑発覚（出所：FNN PRIME https://www.fnn.jp/posts/00411290HDK）

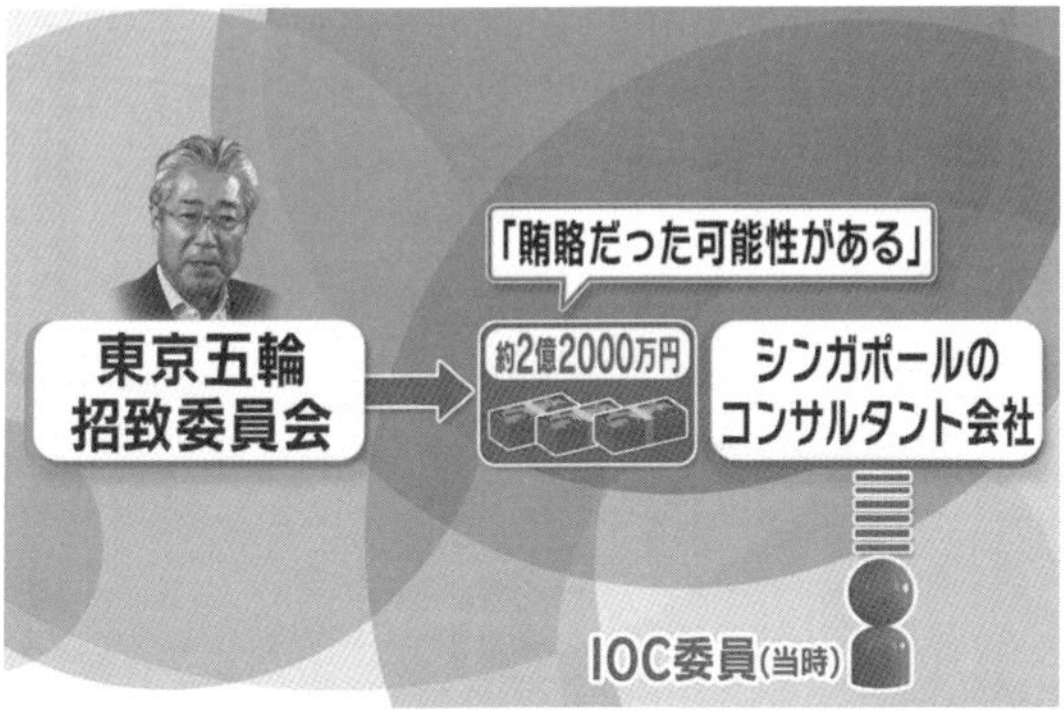

カジノ優先、万博は後付け

大阪万博は２０２５年の5月から11月、大阪湾に浮かぶ夢洲で開催される（**図表1**）。その前年の２０２４年には道路を一本挟んだ向かい側にカジノがオープンする予定だ。つまり「カジノが先で万博が後」。

写真４　万博招致プレゼンで240億円支援を打ち出した世耕弘成経済産業相
（出所：TBS NEWS）

図表１　大阪万博とＩＲの予定地（出所：「朝日新聞」2018年11月29日）

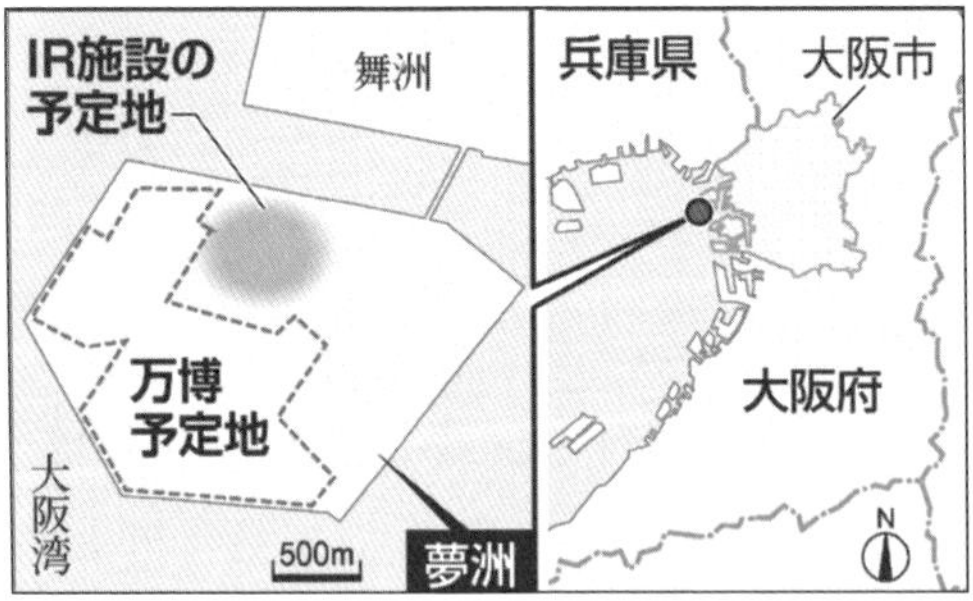

夢洲はお隣の咲洲や舞洲と同様、一般ゴミや河川をしゅんせつした土砂で埋め立てられた人工島で第１工区から第４工区に分かれている。ＩＲ、つまりカジノは埋め立て済みの第３工区に建てられ、万博はまだ海である第２工区で開催される予定なのだ（**写真５**）。ここでも「カジノ優先、万博は後付け」。

残念ながら大阪開催が決まってしまったので、第２工区、つまり海の部分を大急ぎで埋め立てねばならな

写真5　カジノと万博の予定地（出所：大阪府・大阪市、大阪IR基本構想案、2019年2月）

い。何しろ後6年しかないのだ。どうするか？　市内で出るゴミや土砂を待つ余裕はない。土砂を買い、ここまで運んで埋め立てる。

そのお金136億円は大阪市が出す。すでに大阪市の財政は破綻状態。市営住宅の公園の砂場に、「新しい砂を入れてください」と頼んだら「予算はありません」と断られたという。その一方で大阪市は気前よく大阪湾に土砂を入れるというのだ。**（図表2、写真6）**

パチンコも酷いがカジノは底なし

大阪万博の表のテーマは「人類の健康・長寿への挑戦」である。健康や長寿を求めて夢洲にやってきた人たちが、向かい側で営業するカジノにはまり、多額の借金を抱えて自殺や夜逃げに追い込まれてしまう…。

つまり大阪万博の裏テーマは「不健康と短命」。ブラックジョークのような現実が間近に迫っているのだ。

図表2

写真6　土砂136億円投入

日本ではすでにギャンブル依存症の患者が320万人もいると言われている。主な原因はパチンコ。阪南大学流通学部の桜田照雄教授によると、「パ

チンコも酷いがカジノは底なし」なのだ。「パチンコは風営法の関係で玉1つ4円、そして1分間に１００発の発射と制限されています」。桜田教授の計算が続く。「1分１００発で打ち続けても最大1時間で2万4千円。パチンコ店は午前10時から午後11時まで営業しているので13時間。つまり1日最大約30万円しか負けません」

教授は「30万円しか」と言うが、負けた庶民にとっては1カ月分の給料だ。だからパチンコで大負けした人たちはサラ金や親戚から金を借り、離婚、失業、果ては自殺にまで追い込まれていく。子どもたちは、大学はおろか、高校への進学もままならず、不幸は次の世代、そのまた次の世代へと拡大されていく。しかし、である。

写真7　パチンコでもギャンブル依存症は酷いが
（出所：Business Journal2019年1月10日）

「カジノはパチンコの比ではありません。バカラやルーレットは1分でケリが付きます。ラスベガスでは最低で3千円、マカオでは5千円から賭けていくので、（マカオで計算すると）1時間で最大30万円の負け。カジノは24時間営業なので1日７２０万円。1回5千円は最低の掛け金なので、底なしに負けて

しまいます」。ちなみにマカオにはＶＩＰルームというのがあって、限られた人々が最低150万円！で賭け続けているという。ルーレットで赤に3回賭けて3回とも黒が出たら3分で450万円の負け。450万円は日本人の平均年収だ。

桜田教授の警告が続く。「2018年に国会で強行採決したカジノ実施法では、『特定金融業務』が定められていて、業者は客にお金を貸すことができます。その第86条で『返済能力に関する調査』が義務付けられています。簡単に言えば、資産や負債の情報を教えるから、客に貸すお金の上限を決めろ、ということです」

なんということか！　その人の自宅の価値、クレジット履歴などの情報が丸裸になり、カジノ業者はその情報に基づいてお金が貸せるのだ。例えば約3千万の売値がつくマンションを持っている人には3千万円を貸し付けることができる。そして客が負けたら、その債権は「取り立て業者」に転売できる。夜逃げはできない。「その筋の怖い人たち」から追いかけられ家族は離散、彼らは勤め先までやってくるだろう。そして会社から告げられるのだ。「君はもう明日から来なくていいよ」

大阪にカジノが作られると自殺者は増えるし、借金を返すための窃盗、強盗も増えるだろう。ここで2009年、橋下徹元知事が就任早々に発したコメントを記しておく。

「こんな猥雑な街、いやらしい街はない。ここにカジノを持って来て、どんどん博打打

図表３　ＩＲ事業者、１兆円マネーに「大阪詣で」加速、地下鉄延伸200億円負担「喜んで出す」（出所：MBS ニュース2018年12月7日）

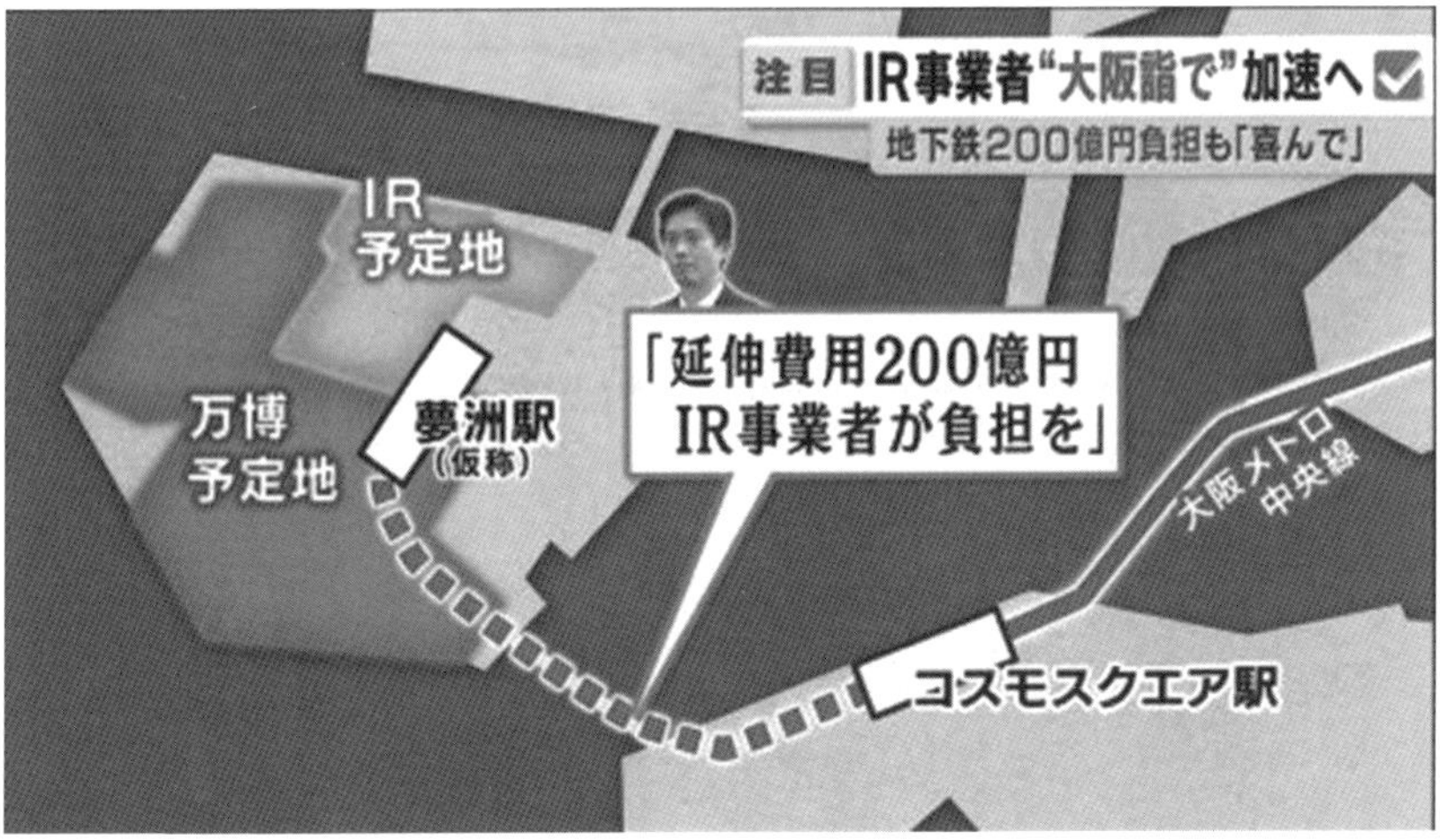

ちを集めたらいい。風俗街やホテル街、全部引き受ける。大阪をもっと猥雑にするためにもカジノをベイエリアに持っていく」

賭博で栄えた国はない

そして10年後の２０１９年、まさにこのコメント通り、松井知事や吉村市長、大阪維新の会の議員たちによって「大阪もっともっと猥雑化計画」が進んでいるのだ。

喜ぶのは大阪維新の会だけではない。夢洲にカジノが作られると、そこにアクセスするための鉄道、道路の拡幅、新駅建設など莫大な税金が建設費としてつぎ込まれていく（**図表３**）。大手ゼネコンとそこに融資しているメガバンクが巨大な利潤を上げていく。**図表４**は万博開催を口実にした鉄道建設計画だ。そ

図表4　IR、万博への交通アクセス計画（出所：大阪府・大阪市、大阪ＩＲ基本構想案、2019年2月）

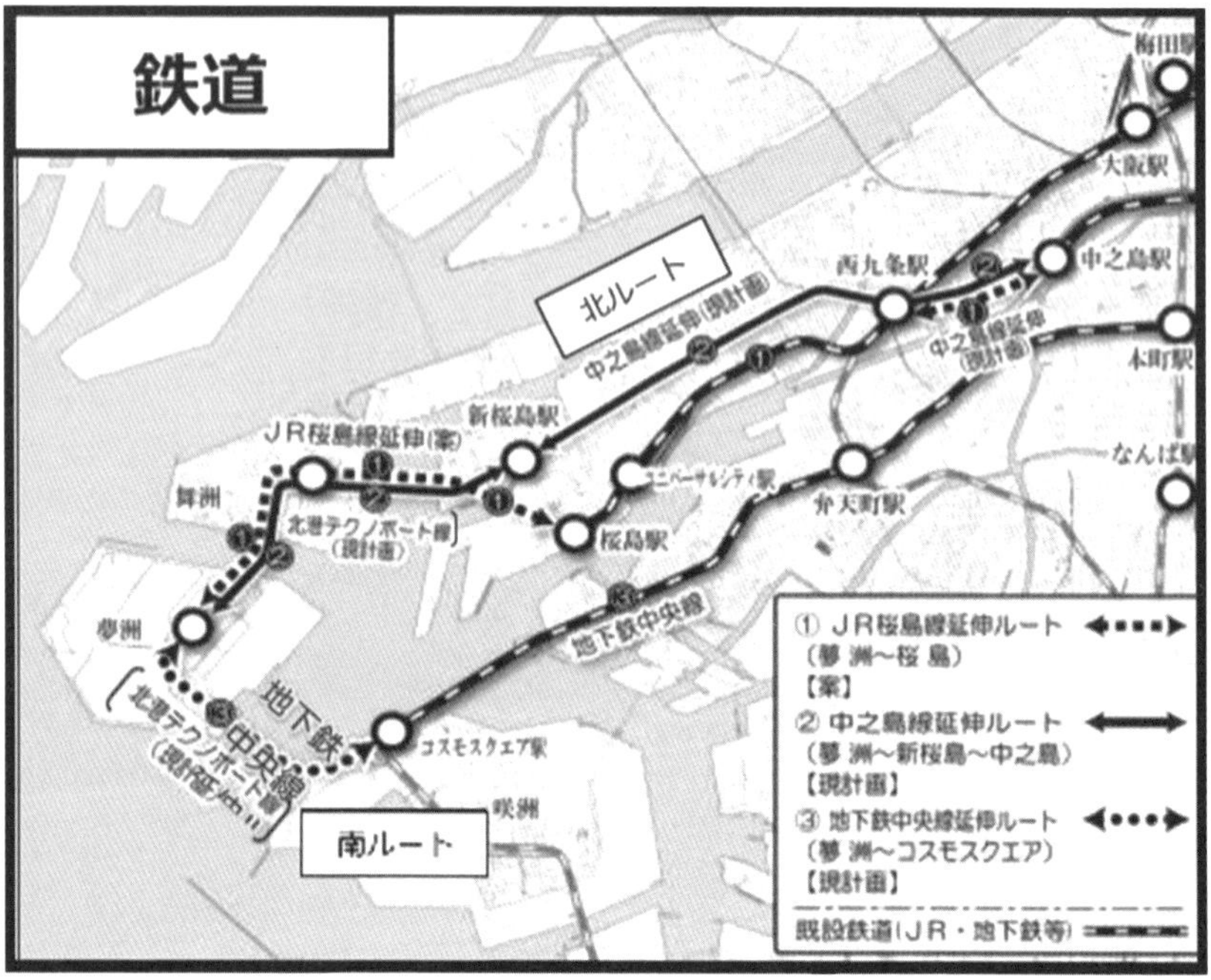

して民営化された大阪メトロは「夢洲駅」にこのようなタワーを建てるという（図表5）。

「『いまどき1兆円の投資をするモンがどこにおる？』。これはラジオの公開番組で松井大阪府知事が私の目の前で語ったセリフです。つまりカジノ建設のための予算はすべて税金で賄うのではなく、一部をカジノ業者に出させる、と。逆に言うと1兆円を投資してもカジノ業者は十分儲かるということです」

桜田教授によれば、業者は5年で回収する計画を立てている。そのためには年間2千億円の売り上げが必要だ。ベネチアン・マカオは635のテーブルカジノ、1690台のスロットマシンを備えた世界最大規模のカジノであるが、2017年の粗利益は2800億円だった。つまり夢洲に作られるカジノは、このベネチアン・マカオに匹敵する世界最大級の施設になってしまう。胴元が1年で2800億円もの利益を上げるには、どれだけの賭け金が必要か？

図表5　夢洲駅タワービル（出所：大阪メトロ「地下空間の大規模改革及び 夢洲開発への参画について」）

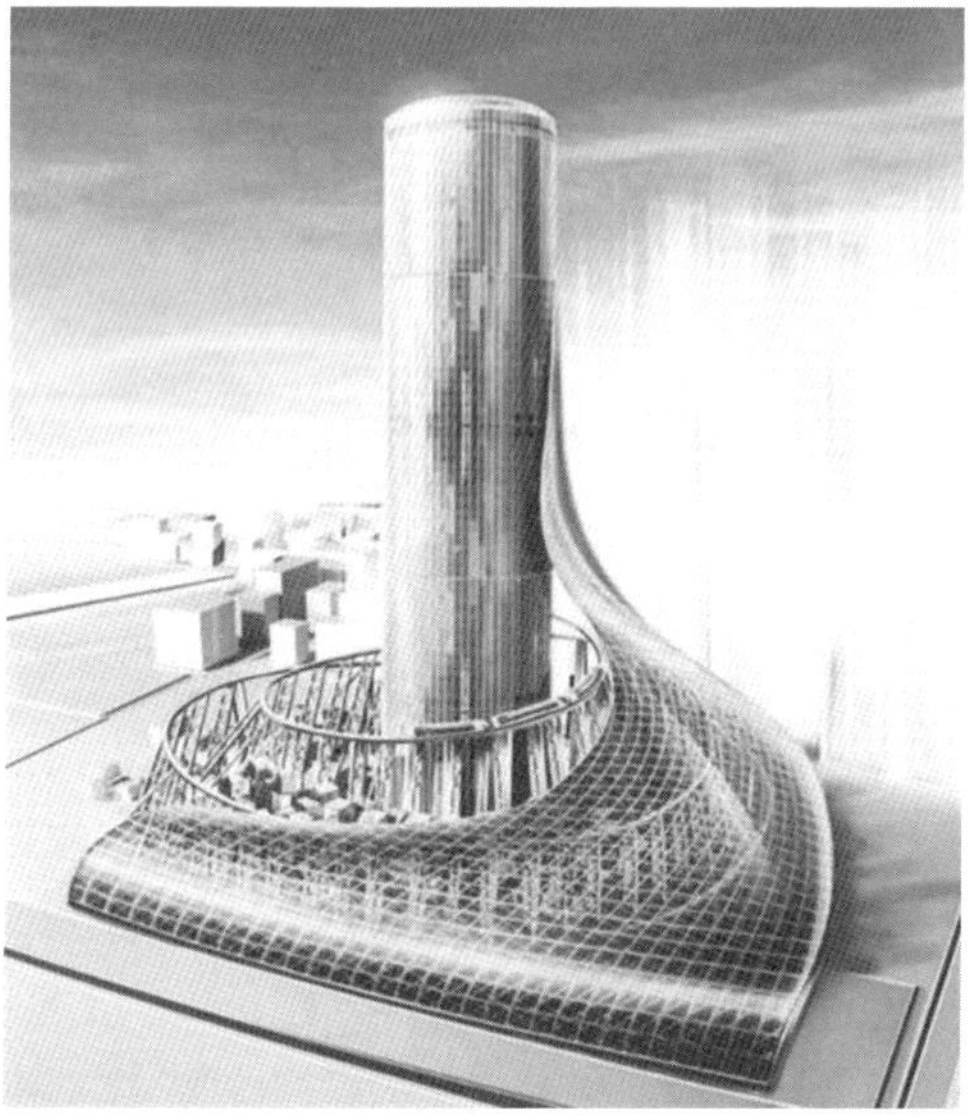

「ベネチアン・マカオの粗利率は7・2%でした。つまり2800億円を稼ぐには7・2%の逆数を掛けると出てきます。つまり約4兆円の賭け金がカジノテーブルを飛び交ったということになります」。カジノにはまったギャンブラーが1年で200万円賭けたとして、4兆円になるには200万人！もの人がカジノに興じなければならない。そしてそのほとんどが「近いので何度も来場しやすい」京阪神の人々になるだろう。

「カジノ粗利益の30%が税金。つまり

業者が2800億円稼いでくれたら、国と大阪府・市に840億円！　これを山分けするので大阪府・市には420億円もの税金が入るんでっせ」。松井知事はこう述べるだろう。でもその原資は大阪府民や関西住民の懐から出た「負け分」である。カジノ業者は外国資本なので、日本の富が外国に吸い上げられていく。カジノに興じて働かない人が増える。関西のものづくり産業が衰退し、生産力が落ちる。府・市民税を収める人も額も減る。ギャンブル依存症対策にもお金がかかる。学校に行けない子どもが増えて、貧困が再生産されていく。これら社会的コストには全く触れずに「カジノと万博で景気回復」と叫ぶ知事や市長は単純にアホなのか、それともカジノ業者や大手ゼネコンの手先なのか。そもそも賭博で栄えた国はない。国民生活が荒れ果て国は劣化する。だからこそ刑法で賭博が禁止されてきたのだ。

有害物質で埋めた人工島で「健康・長寿」とは

次に夢洲そのものについて見てみよう。前述したように夢洲は一般ゴミや産業廃棄物、しゅんせつ土砂で埋め立てた人工島である。その土壌には六価クロムやPCB、ダイオキシン、アスベストなどが大量に含まれている。夢洲にはこれまで人が住んでいなかったので、こうした毒物の影響については大きな問題になっていなかったようだが、万博が開

写真８　車が押し流された南港フェリーターミナル

写真９　飛んできたコンテナが車を押しつぶした

催されると「半年間で約２８００万人が訪れる」し、カジノができると半永久的に多数の来場者が訪れるのである。夢洲の埋め立ては１９８５年から始まった。80～90年代、大阪湾や淀川には大量のヘドロがたまっていたし、大和川は「日本一汚い川」であった。つまり２０２５年の大阪万博は、有害物質で埋めた人工島で「人類の健康・長寿」をテーマに開催されるのだ。

さらに大きな問題は地震、津波、台風、高潮である。２０１８年９月４日、台風21号が大阪湾を直撃した。最大風速45メートルを超える強風と荒波。さらに悪いことに満潮時と重なったため、波は咲洲の護岸を乗り越え南港フェリー乗り場の車を押し流し（**写真８**）、コンテナが車を押しつぶした（**写真９**）。強風と高波にさらされた夢洲でも、コンテナが強風にあおられ飛ばされていった（**写真10**）。

この台風21号は大阪府に甚大な被害をもたらした。屋根瓦が飛び、車は流され、まだ避難者がいるという9月9日、松井知事は万博賛成票を獲得するためにハンガリー、デンマーク、イタリアへ飛び立った。台風で関空が沈んだので、中部国際空港からの出発だった。

その理由は「この時点で訪問をキャンセルすれば、（大阪が）脆弱だと思われる」から。被災者よりも万博！　なんというオシャレな知事（**図表6**）。ちなみに松井知事はわざわざ公用車に乗り込み、その中でタバコを吸うという（**写真11**）。47都道府県知事の中でも「オシャレ度ナンバーワン」なのではないか。

温暖化による影響で台風は今後ますます巨大化、強烈化していく

写真10　夢洲のコンテナも宙を舞った（写真8,9,10　阪神港海上コンテナ政策推進委員会、上田学氏提供）

だろう。この台風で関西空港が水に浸かって使えなくなったが、人工島は年を経るごとに沈下するのだ。そして災害時にはアクセスする鉄道や道路は遮断される。必然的に人工島は陸の孤島になる。万博開催期間のほとんどが夏、つまり台風直撃期間だ。「人類の健康と長寿」を求めてやってきた人々が、台風直撃で会場に閉じ込められ、著しく健康を害し

図表６　災害対策より万博誘致優先の松井大阪府知事（出所：「東京新聞」2018年９月10日）

部　FAX 03(3595)6911　Eメール tokuho@chunichi.co.jp

大阪府知事 訪欧

災害対応より 万博誘致？

甚大な被害を出した台風21号の復旧作業が続く中、大阪府の松井一郎知事＝写真＝が９日、2025年国際博覧会（万博）誘致のため欧州訪問に出発した。「キャンセルすれば都市として脆弱だと思われる」と説明したが、「優先順位が違う。被災者に寄り添っていないのでは」と批判が上がっている。（中山岳）

台風被害の復旧 半ばなのに…

松井知事は九日午前、台風被害で関西空港からの便が限られるため、中部国際空港から出国。出発前、記者団に「災害の被害を最低限に抑える力があることを伝えたい」などと述べた。ハンガリー、デンマーク、イタリアの政府関係者と会って万博開催の支持を要請するほか、同行する財界関係者とともに経済交流も予定しているという。

これに先立つ七日には沖縄も訪問。日本維新の会代表として、沖縄県知事選に立候補を表明している佐喜真淳氏に推薦状を渡していた。

だが、台風21号では強風や高潮の被害が相次ぎ、大阪府だけで住宅の全壊・一部破損が三千五百件以上に。十日午後九時現在でも大阪府など五府県で約七千五百軒が停電し、関西空港の旅客便も一部は再開できていない。ネットでは「万博誘致は大阪経済に必要不可欠」といった意見もあったが、「今必要なのは災害救助や通常の生活」「被災者そっちのけで外遊か」といった声が相次いだ。

万博は、府や大阪市が、同市此花区の人工島・夢洲地区で二五年五〜十一月の開催を目指す。バイオ医薬品や人工知能（ＡＩ）といった最先端技術を取り入れた展示やイベントを実施。来場者約二千八百万人、経済効果は約二兆円に及ぶとの試算もある。開催地は、十一月にパリで開かれる博覧会国際事務局（ＢＩＥ）総会で約百七十カ国の加盟国の投票で決まる。府の担当者は「訪問先の都合もあるので、予定通り出発を決

沖縄も訪問

「まず住民の生命・財産守

首相も物議

写真11　公用車の中でタバコを吸うという松井一郎大阪府知事（出所：MBS ニュース2018年10月12日）

てしまうという笑えない事態が予想される。

そして次が地震と津波だ。南海トラフによるプレート移動型巨大地震が今後30年以内に起きる確率が高まっている。その被害は東日本大震災を上回るとも予想されている。2025年までに巨大地震が起きれば夢洲は津波に飲み込まれ、液状化した土地に立つビルは立ち入り禁止になるかもしれない。液状化現象は埋立地で起きる。

現代版ピサの斜塔で万博？

大阪万博は「世界に恥を晒した万博」として歴史に名を残すのかもしれない。南海トラフだけではない。大阪には上町断層帯が走っているし、最近の調査で大阪湾断層帯、つまり海底の断層の存在が明らかになった。夢洲はその位置、構造、ともに危険なのだ。そんなところに大阪メトロは高さ250メートルの超高層ビルを建てるという（91頁の**図表5**）。

忘れてはならないのが咲洲のWTCビルだ。橋下元知事が強引にこのビルに大阪府庁舎を移転させた直後に東日本大震災が起きた。はるか700キロも離れた東北沖で発生した地震で大阪府下は概ね震度3程度の揺れだったが、咲洲のWTCビル（咲洲庁舎）だけが大きく揺れた。原因は長周期地震動。どういうことか？　地震には固有の周期がある。そして長周期地震動は途中で減衰されず遠くまで届く。東日本大震災の場合は約6秒の周期だった。一方、ビルには固有の周期があって10階建てビルで約1秒。ＷＴＣビル（咲洲庁舎）は60階建てなので、約6秒。つまりはるか彼方の東北沖からやってきた長周期地震動とＷＴＣビルが共振してこのビルだけが大きく揺れたのだ（**図表7**）。

その結果、大阪府の職員は5時間もエレベーターに閉じ込められ、天井板は落下、水道管が破断、大きな揺れが長く続き、少なくない職員は「死んでしまうかも」と感じたという。埋立地に建つ超高層ビルは地震に極めてもろい構造なのだ。そんな教訓を無視して、またもや超高層ビルを建てようとしている大阪府・市と大阪メトロ。ＷＴＣビル（咲洲庁舎）を始めとする大阪湾ベイエリア開発は、バブルに踊った「負の遺産」である。松井知事、吉村市長は「負の遺産」の上に「負の遺産」を積み上げようとし

図表7　東日本大震災時、ＷＴＣビルは大きく揺れた

地盤とビルの揺れが共鳴・共振して
WTCビルだけが大揺れした

ている。

カジノストップ、大阪万博返上を

最後に大阪万博そのものについての疑問を記す。

一回こっきり、わずか2週間（オリンピック）、半年（万博）のお祭り騒ぎのために巨額の税金をつぎ込めば東京・大阪の財政は破綻するだろう。パナソニックやサンヨー、シャープなど大阪が地盤の企業が競争力を失い、少子高齢化で街が疲弊する中で、不必要な万博とカジノを誘致すれば、国民健康保険、中小企業対策、保育所や老人ホーム、小中学校への予算など生活関連予算は削減されてしまう。華やかな祭りの後には木枯らしが舞うものなのだ。

確かに1964年の東京オリンピック、70年の大阪万博は大成功した。当時は人口が伸び続けていて、年間のGDPが10％という水準で経済成長していた時代だ。オリンピックや万博に巨費を費やす余裕もあっただろうし、これらが起爆剤となって新幹線や高速道路などの社会インフラが整って行った。今よりも娯楽の少ない時代だったし、国民も若かったので「5時間並んで月の石」を見学する体力もあった。しかし今、同じことをしたら倒れる人が続出するだろう。インターネットが発達し、会場に行かなくても「そこで何が行われているか」が瞬時に判明する時代。こんな時に巨費を投じてお祭り騒ぎをする価値があるのだろうか？

世界のトレンドは「持続可能な社会」である。巨大な原子力発電所は、地震が来たら壊れることが判明した。大量に発生する核のゴミの行き先は今も決まっていない。１カ所に集中する巨大な原発は持続可能ではなく、過度に一極集中させると何らかの災害でダウンしたらブラックアウトを招いてしまう。各地域にそれぞれの方法で発電する再生可能エネルギーは、多数に分散されているので災害に強く、次の、そのまた次の世代まで発電を続けるだろう。再生可能エネルギーこそ持続可能な次世代タイプの発電だ。

同じように一回で終了する万博も、外国資本の胴元だけが儲かり多数の破産者を生み出すカジノも、持続可能な社会を作り出すことはできない。大阪は中小企業の町である。ものづくりの歴史やノウハウ、人材が揃っている。そこで働く人々の雇用を守り、実質賃金を引き上げていけば、その人たちに余裕が生まれ、その分が消費に回るので地域商店街も潤うだろう。万博のような派手な政策ではないが、こちらの政治は地味ではあるが確実に人々を豊かにする持続可能な社会を築く。

今からでも遅くはない。カジノストップ、大阪万博返上。まっとうな政治、まっとうな地方自治を取り戻す運動を広げていこう。

おわりに

沖縄県名護市辺野古への新基地建設の是非を問う県民投票は、投票総数約60万票のうち、「反対」が約43万票、72％以上を占めた。沖縄県民は知事選挙に続き、圧倒的な「基地反対」の民意を示した。安倍首相は「結果を真摯に受け止める」とコメントしたが、その翌日も工事は続行され、美しい珊瑚の海に土砂が投入された。首相のいう「沖縄に寄り添う」「真摯に受け止める」は、「(沖縄を) 無視する」と同意語だ。

ここで辺野古新基地について、私見を述べたい。

1　そもそも新基地は海兵隊が使用するが、その海兵隊の大部分がグァムに移転していく。２０１７年4月、アメリカのハリス太平洋軍司令官が、下院軍事委員会で「沖縄の海兵隊1万9千人のうち、まずは4千人をグァムへ」と述べ、「いずれは1万人程度に減らしたい」と、その方針を明らかにした。

2　アメリカはイラク・アフガン戦争で莫大な戦費を費消した。その後リーマンショックが襲いかかり、これまで通りの規模で他国に軍隊を駐留させる余裕はない。沖縄は中国に近い。沖縄の海兵隊をグァムやオーストラリアに移転させれば、ライバルの中国は軍拡のスピードを緩めるだろう。

3　米軍は沖縄の世論を常に意識している。これほどまでに反発する地元を無視して、基地建設を強行すれば米軍にはマイナスだ。

1、2、3の理由からアメリカは日本政府が言うほど辺野古新基地を望んでいないはずだ。つまりアメリカは「普天間は閉鎖でもいい」と考えている。

では、なぜ安倍内閣は「辺野古しかない」と言い張るのか？

それは「基地埋め立て＝大規模公共事業」が莫大な利権を生んでいるからだ。辺野古の海が「マヨネーズ並みの」軟弱地盤であることが判明した。当初、2千億円くらいと言われていた埋め立て工事は、その10倍、約2兆5千億円に膨らむことになりそうだ。工事に携わるゼネコンの約70％に防衛省の幹部が天下っている。自民党の防衛族にとってもこの公共工事は大変おいしいはずだ。彼らは工事費が膨れ上がるほど儲かるわけだから。

このまま強引に工事を進めれば、埋め立てに5年、地盤改良に5年。そして滑走路などを作る地上工事に3年。合計で13年かかる。約7万7千本、70メートル以上の杭を打ちこむ工事になるから、当然工事計画の変更が必要だが、その許認可権は沖縄県知事が持っている。知事が玉城デニー氏のままなら許可は下りない。つまり基地工事は遅々として進まず、世界一危険な普天間基地はずっとそのまま使用されてしまうことになる。

つまり「最大のガンは安倍政権」と「利権に群がるゼネコン、そこに融資するメガバンク」

ではないのか。ここでも政府とメディア、御用評論家は国民を集団催眠にかけてきた。「沖縄の基地は地理的に重要」「中国の脅威に対抗できるのは沖縄しかない」。その昔「ソ連の脅威」と言って、北海道に自衛隊を駐屯させた。ソ連の脅威が去れば北朝鮮。北朝鮮問題が解決に向かえば中国…。

よく似た構図は頻繁に登場する。「少子高齢化の日本、消費税を引き上げないと破産する」「原発はコストが一番安い。そして止めたら停電する」

このようなウソ宣伝を見破ることが重要だ。そしてウソ宣伝に「お祭り騒ぎ」が加わる。オリンピックだ、万博だ。スタジアムを作って、地下鉄を通して…。結局は税金が一部の利権集団にかすみ取られていく仕組みなのだ。

本書は消費税、戦争(武器)、カジノにスポットを当てたが、政府のウソを見抜く原則は「お金の流れに注目せよ」だ。今後も「消費税をどうするか」「(東京オリンピック後の)不況をどう乗り越えるか」「憲法を変えるか変えないか」「原発を動かすか止めるか」などが問われていくだろう。私の答えは「すべてアベ政治の逆を選択すべし」である。

本書執筆にあたって、アベノミクスでは二宮厚美さん、カジノ問題で桜田照夫さん、タックス・ヘイブン問題では井上伸さん、ゴーン事件では関野秀明さん、そして消費税については志形明秀さん、疋田英司さん、夢洲の脆弱性については上田学さんという各分野の専門家に援助いただいた。ここにお礼を申し上げつつ本書が「アベ政治打倒！」の国民連帯につながることを期待して、ひとまず筆を置くことにする。

【著者紹介】

●西谷文和（にしたに　ふみかず）

1960年京都市生まれ。大阪市立大学経済学部卒業後、吹田市役所勤務を経て、現在フリージャーナリスト、イラクの子どもを救う会代表。

2006年度「平和共同ジャーナリスト大賞」受賞。テレビ朝日「報道ステーション」、朝日放送「キャスト」、ラジオ関西「ばんばんのラジオでショー」日本テレビ「ニュースevery」などで戦争の悲惨さを伝えている。

主著に「西谷流地球の歩き方」（かもがわ出版、2019年）、「戦争はウソから始まる」（日本機関紙出版センター、2018年）、『「テロとの戦い」を疑え』（かもがわ出版、2017年）、『戦争のリアルと安保法制のウソ』（日本機関紙出版センター、2015年）、『後藤さんを救えなかったか』（第三書館、2015年）など。

表紙イラスト　高宮信一

こんなものいらない！　消費税、戦争、そしてカジノ

2019年4月20日　初版第1刷発行

著　者　西谷文和
発行者　坂手崇保
発行所　日本機関紙出版センター
〒553-0006　大阪市福島区吉野3-2-35
TEL 06-6465-1254　FAX 06-6465-1255
http://kikanshi-book.com/
hon@nike.eonet.ne.jp
編集　丸尾忠義
本文組版　Third
印刷製本　株式会社サンギョウ

ISBN978-4-88900-971-2